組織で上に行く人は「どこ」で差をつけているのか？

加谷珪一

実務教育出版

はじめに

世の中には数多くの出世指南書がありますが、そのほとんどはヒラ社員から中間管理職に昇進することを想定したものです。中間管理職への昇進は多くのビジネスパーソンにとって重要なテーマですし、出世における最初の関門ですから、世間の関心が高いのは当然でしょう。

さらに言えば、読者層の厚さという商業上の問題もあります。

ヒラ社員から中間管理職、上級管理職とポストが上がるにつれて、ピラミッドの頂きに向かってシフトしていきますから、対象者の数もそれに反比例する形で減っていきます。部長以上への昇進を望む人は、基本的に課長になれた人ですから、そもそもの読者層が薄いわけです。

しかし、組織の中で本当に上に行ける人は、課長になってから部長への昇進を考え始めるわけではありません。ヒラ社員の段階から、すでに部長以上への昇進に備えているのです。

最近では転職を機にポストを上げていくキャリアパスも一般的になってきましたが、

このような人はなおさら若いうちから上の役職を意識しておく必要があるでしょう。
本書は、基本的に若手社員が部長以上に昇進するためには、どうすればよいのかについて書かれています。もちろん課長になってからその先をめざす人も大勢いますから、課長レベルの人が読んでも問題ありません。むしろ、部長なんて全くイメージできないという人ほど、本書を読む価値があるはずです。

部長以上になると、同じ管理職と言っても組織の中での役割は大きく変わります。最大の違いは、やはり経営層との距離ということになるでしょう。部長以上の人は、基本的に経営というものを理解し、経営者の意向を具現化する必要があります。つまり、人ではなく組織を動かし、儲ける仕組みを構築するためのスキルが求められるのですが、これが人を相手にしていればよかった課長時代までとの決定的な違いです。

この違いを認識できないまま上級管理職に昇進してしまうと、残念ながらそれ以上の出世は望めなくなってしまいます。

POINT

本書は、ポストが上がっていくにしたがって昇進のルールが変わっていく現実や、組織の動かし方、戦略立案の方法などについて、あくまで経営者目線で論じていきます。女性活用の問題や経費の使い方についても、経営視点と従業員視点ではまるで解釈が異なることが理解できるでしょう。
こうした思考回路を身につけた人こそが、実際に上のポストに就いた時、圧倒的な実力を発揮できるのです。

加谷珪一

目次

第5章 組織の動かし方

第6章 経営を知る

イラスト：竹田嘉文
デザイン：吉田昌平（白い立体）
ＤＴＰ：一企画

第1章

幹部に昇進することの意味を理解する

STEP 1

昇進に立ちはだかる2つの大きなカベ

昇進にはいくつかの重要なステップがあります。それぞれのステップをうまくクリアしていかないと、最終的に高いポストに就くことはできません。しかし、多くの若手ビジネスパーソンはそのことについて意識していないことがほとんどです。場合によっては、30代、40代になっても状況が変わらない人もいます。

一方で、出世していく人は、若手社員のうちから長期的な視野を持って昇進の階段を着実に上がっていきます。この差は最初のうちは顕在化しませんから、気がついた時には、ライバルに大きく差をつけられている可能性があるわけです。

課長昇進のスピードは気にしなくていい

多くの人にとって、最初の関門は管理職への昇進です。もちろん、これは欠かせないステップではあるのですが、出世レースの長い道のりを考えると、実はそれほど重要なイベントとは言えません。

確かに30歳前後になると、「自分は仕事ができるのかどうか」について、より強く意識するようになります。入社間もない頃は、同期の中で目に見える形で差がつくことはほとんどありませんが（中央官庁や一部の大手企業など例外はあります）、20代後半になると状況が少しずつ変わってきます。課長クラスの管理職と直接仕事をやり取りするようになると、優秀な社員とそうでない社員の違いが、何となく見えてくるわけです。

この段階における評価基準は、あくまで若手社員として優秀かどうかです。若手社員には、ほとんど権限が与えられませんから、基本的には言われたことをしっかりとこなし、組織の雰囲気に馴染んでいることが重視されます。これに加えて、上司が望むことを先回りしてこなすことができれば、若手としては高い評価を得られるはずです。

こうした評価の差によって、課長など管理職に昇進する時期に多少のズレが出てくることになります。中には、「アイツは同期で一番に課長になった」「俺は同期の中で課長になるのが遅い方だ」などと悩んでいる人もいるでしょう。

しかし、ここでの差は、実はそれほど大したことではないのです。POINT 課長の段階で昇進が早かったからと言って、その後も順調に昇進できる保証は全くと言ってよいほどありません。逆に、課長への昇進が遅くても、後から挽回するケースはたくさんあります。

むしろ大切なのは、管理職に昇進するスピードではなく、そこからの仕事ぶりの方なのです。

もしその会社で部長以上の昇進を望むのであれば、課長の時にどのような意識で、どう仕事をこなしたのかが極めて肝要になってきます。出世において大事なのは課長から部長への昇進であり、さらに大事なのが部長から役員への昇進です。実はこの2つが、出世レースにおける最も大きなカベになっているのです。

課長と部長の価値観は大きく異なる

課長というのは管理職ですから、ヒラ社員として働いていた時とは異なる価値観を持つ必要があります。こうした準備ができないまま課長に昇進してしまうと、多くのことに戸惑う結果となるでしょう。

つまり、管理職に昇進してすぐに成果をあげるためには、ヒラ社員のうちから管理職の仕事を意識しておくことが大切になってくるわけです。早い段階で、この意識改革がうまくいっていない人は、昇進しても思うように成果をあげることができないでしょう。

では、課長にさえ昇進すれば、それ以降はずっと同じマインドのままでもよいのでしょうか。決してそうではありません。同じ管理職でも、部長になると再び必要とされる価値観は変わります。部長以上の役職、つまり経営者としての感覚を持つ必要が出てくるのです。

POINT
部長の段階で経営者としての感覚を持つことができた人が、実際に役員に昇進できる仕組みになっています。その感覚は課長の時のものとは全く異なると考えてください。

課長から部長へのカベも大きいのですが、部長から役員へのカベも極めて大きいのです。仕事ぶりは優秀であるにもかかわらず、ここを乗り越えられない人が続出します。

POINT

スムーズに昇進するためには、課長になった時点において、すでに部長の仕事を理解しておく必要があります。同じように部長になった瞬間に、すでに気持ちは役員の方を向いていなければなりません。こうした感覚をできるだけ早く持つことが、長い出世レースを勝ち残る決め手となるのです。

STEP 2

中間管理職と幹部の仕事はどのくらい違うのか

先ほどは、同じ管理職でも課長と部長に求められるマインドは全く異なるという話をしました。その理由は、課長はその段階で部長の立場を理解することが重要であり、部長はその段階で役員の立場を理解することが重要だからです。

課長と部長の間で極めて大きな断絶が存在する理由は、部長以上の役職には「経営」のセンスが求められるようになることに尽きると思います。一言で経営と言ってしまえば簡単ですが、これがなかなか厄介な存在であり、多くのビジネスパーソンが苦労しているのです。

人を相手にするのか、組織を相手にするのか

経営者的な感覚と従業員的な感覚の違いは、いろいろな面に表れてきます。会社の

中での振る舞いという部分に焦点を絞ると、「人」を相手にするのか、「組織」を相手にするのかの違いということになります。

課長の段階までは、日々の仕事で相手にするのは部下や同僚を始めとする「人」です。人とどう付き合うか、人からどう評価されるか、人をどう動かすか、ということが極めて重要なファクターとなっています。簡単なキーワードで済ませてしまえば、

POINT
課長までの仕事は、対人コミュニケーション能力に優れていれば何とかこなすことができるのです。

ところが、部長以上になると状況は大きく変わってきます。

もちろん部長であっても、人と人とのコミュニケーションが仕事の基本となりますから、見た目上は課長までの時と何も変わらないかもしれません。しかし、その内実は全く異なっているのです。

部長は基本的に課長に指示を出して仕事を進めていくのですが、課長はあくまで課の窓口にしか過ぎません。しかも、部長は課に属する課員については細かく把握していないことがほとんどです。

つまり、部長が相手にしているのは「課」というチームであって、課長を相手にし

ているわけでも、課員を相手にしているわけでもないのです。部長には、チームという無機質なものをマネジメントし、それを自分の成果にしていく感覚が求められます。

POINT

課長という「人」を介してはいますが、あくまで「組織」を動かすことに徹している点で課長と部長とでは根本的に異なっているのです。出世を成功させようと思うのであれば、この感覚を課長の時から理解しておくことが極めて重要となってきます。

部長に課される要求は次元が違う

課長の段階までは、部下の能力やモチベーションを個別に把握し、各人のパフォーマンスを最大限発揮できるよう工夫すれば、職務をこなすことができました。課員のパフォーマンスが上がれば、自然と課の成績も向上し、その結果、課長としての評価も上がっていきます。

しかし、部長の場合はそうはいきません。

部の中にはいくつもの課があり、それぞれが役割を持っています。部としての業績を上げるためには、それぞれの課がただ頑張ればよいというわけにはいきません。なぜなら部単位になってくると、経営層から寄せられる要望が単純ではなくなってくるからです。

日常的な業務において高い業績を求められるのは当然のことですが、これに加えて、新規事業の開拓や余剰人員の活用、ＩＴ化の推進など、課長の時に抱えていた課題とは全く次元の異なる話が舞い込んできます。

例えば部全体としてＩＴ化を進めるということになると、業務プロセスの見直しが必要となってくるでしょう。業務プロセスは、ビジネスモデルそのものというケースも少なくありませんから、これを変更するということは、部全体の仕事を変えることにもつながりかねません。

こうしたことをスムーズに実践するためには、卓越したリーダーシップも重要ですが、コンサルタント的な視点も必要となってくるのです。また、組織の中に新しいプロジェクト・チームを作り、既存の課と一緒に仕事をさせるといった工夫も必要となるはずです。

この時、どのような組織のあり方にすればよいのかという視点がないと、組織をうまくマネジメントすることができなくなります。ここで言う「マネジメント」とは、

AさんとBさんをどう使うかといったミクロなことではなく、組織の中にどのように権限や予算を配分すれば組織が思った方向に動くのか、というマクロな視点です。

部長にはこうしたマクロ的な視点が求められますし、逆に言えば、課長はそれを理解した上で、自身の振る舞いを決めなければなりません。課長の時から部長のマインドを意識することが重要というのは、そういった意味になります。

STEP 3

従業員マインドから経営者マインドへの移行

最近では転職に対する意識も変わってきましたが、それでも企業の採用活動は今でも新卒一括方式が中心です。当然のことですが、新卒一括採用というシステムは、終身雇用と年功序列という日本企業特有の雇用環境とセットになっています。

このシステムはもはや時代に合わなくなってきているのですが、企業はなかなかこれを捨て切れません。こうした矛盾は出世のメカニズムにも大きな影響を与えていますから、この現実をよく理解しておいた方がよいでしょう。

戦争が生んだ年功序列・終身雇用制度

新卒一括採用や終身雇用といった制度は日本の伝統だと思っている人がいますが、実はそうではありません。あまり知られていませんが、こうした制度は国家総動員体制によって人為的に作られたものです。

戦前の日本社会は自由競争が徹底しており、終身雇用制度はほとんど普及していませんでした。したがって企業の人事も柔軟で、今では考えられないような若手の抜擢もよく行われていたのです。

大きな転機となったのは、太平洋戦争に伴う国家総動員体制でした。無理な戦費調達による財政インフレに対応するため、政府は賃金統制を実施。初任給や年ごとの昇給額を政府が決定するようになり、事実上の年功序列・終身雇用制度がスタートしたわけです。現在の雇用制度は、この慣行が継続したものと言われています（１９４０年体制とも言われる）。

終身雇用が大前提ということになると、企業は長年にわたって貢献した人材を手厚く処遇した方が合理的です。大量の熟練労働者が必要とされた戦後の高度経済成長時代には、人材を定着させるために、こうした制度が有効に作用しました。

戦争のための一時的な手段であった諸制度が、たまたま訪れた戦後の高度経済成長とうまくマッチして、今の時代まで継続したわけです。

しかし、時代は完全に変わり、企業の経営は多様化が進んでいます。

転職も珍しくなくなった今、年功序列・終身雇用制度を維持することが難しくなっています。とはいえ、これまで続けてきた制度を一気に廃止すると大きな抵抗が起こります。結果として、企業は旧態依然の体質と新しい状況への対応との間で妥協を強いられているというのが現実です。そして、この状況が出世を考える際の重要なポイントとなっているのです。

従業員マインドは早く捨てるべき時代

終身雇用を前提とした従来型の人事制度では、企業経営者は株主から経営を委託されたプロというよりも、従業員の延長という立場に近くなります。昭和の時代であれば、従業員的なマインドのままで経営者層になることはごく普通でした。というよりも、むしろ従業員の延長線上として振る舞った方が、組織をまとめやすい面もあったわけです。

こうした状況が成立していたのは、経済のパイが増え続け、組織もそれに伴って肥大化が続いていたからです。組織はピラミッド状ですから、役職が上がっていくにしたがってポストの数は減っていきます。本来であれば、中間管理職に昇進する段階で一定割合の人が外部に放出され、上級管理職になる段階で再び一定数が外部に放出され、ライバルの数は減っていくことになります。

世界的なメーカーであるＧＥ（ゼネラル・エレクトリック）社は、下位10％の人は、社外に放出することを検討するという厳しいルールを設けていましたが、役職が上がるにつれてポストが減る事実を考えればやむを得ないでしょう。

しかし、組織が肥大化していれば課長ポストも増え続けますから、誰も会社を去る必要はありません。昭和の時代には、同期が全員管理職に昇進するということも不可能ではなかったのです。

現実には、同じようなタイミングで昇進しているように見えても、その中で実質的な選抜が行われていたわけですが、それが明示的になるのはかなり後になってからのことです。見かけ上、ふるい落としがないような状況でしたから、これが社員のマインドに大きく影響し、上の役職になっても従業員的なカルチャーが抜けなかったのです。

しかしながら、今は時代が違います。たとえ終身雇用や一括採用という従来型の枠組みが残っていたとしても、経営者は本来あるべき経営者マインドを持たなければ役目を果たせません。

正式には役員からが経営者ということになりますが、POINT 部長クラスに昇進するあたりから従業員マインドを捨て、経営者マインドを身につけていかないと、部長としての仕事すらうまくこなせない時代に入っているのです。

STEP 4

レースのルールを理解しておく

出世レースはよくマラソンに例えられます。確かにその通りで、昇進という成果を勝ち取るためには、短距離走のようにある瞬間だけ大きな力を発揮することができても、最終的な結果にはつながりません。しかしながら、単純なマラソンと捉えてしまうのも考え物です。

瞬間風速はほとんど意味がない

日本の企業は特にそうですが、ある地点で卓越した成果をあげても、それが直接的に出世に結びつくわけではありません。POINT どんな年齢でも、どんな役職でも常に80点の成果を出す人と、ある時は１２０点、ある時は60点という人とでは、明らかに前者の方が出世に有利です。

その意味では、出世競争は長距離レースということになるでしょう。

よく会社の中で、「俺の方が仕事がデキるのに、なぜアイツが先に出世するのか」という愚痴を聞くことがあります。社内の評価が間違っている可能性もありますが、もしかすると、そのように感じている人は短距離走と長距離走を混同しているのではないでしょうか。

卓越した成果をあげているというのは、ある部分での話であって、他の部分ではライバルよりも点数が低いのかもしれません。POINT **組織というのは、ムラのある人よりも確実な人を選ぶ傾向が顕著です。**不満を抱えている人は、出世のルールを少し勘違いしている可能性があるわけです。

長距離走で出世できる人は、若手のうちの下働き的な仕事や、全体から見るとあまり意味のなさそうな仕事に対しても手を抜きません。確かに陽の当たらない部署での仕事を一所懸命にこなしても、卓越した成果につながる可能性はほぼゼロでしょう。

しかし、どんな部署であっても、その人の仕事のやり方は多くの人が見ています。手抜きをせずに仕事をしてきたという事実は、最終的には有形無形の評価につながっていきます。管理職昇進で名前が挙がった時、「彼はどんな環境でも確実に仕事をする人だ」といった意見が出てくる確率が高くなるのです。
一方、「仕事はデキるのだが、彼は少しムラがあってね」と言われてしまう人は、どのような印象になるでしょうか。両者を比較されると、前者の方が昇進の有力候補になってくるはずです。

出世レースはトライアスロンのようなもの

出世レースは長距離走だということは、お分かりいただけたと思います。スポーツの場合はカギを握るのはペース配分ということになりますが、出世レースはそれだけではありません。

POINT
出世レースというのは、コースを進むにつれて、競争のルールが変わってくるのです。あえてスポーツに例えるなら、いろいろな競技を組み合わせたトライアスロンのようなものと考えればよいでしょう。

出世レースは、大きく分けて3つのコースでできています。1番目は若手としての出世レース、2番目は管理職としての出世レース、そして最後は本書のテーマでもある経営層（部長以上）としての出世レースです。

この3つは出世の階段という意味では一直線ですが、それぞれに全く異なったルールが適用されます。求められるスキルもバラバラですから、極論すると、若手として優秀でも管理職として使い物にならない人や、経営者として優秀でも管理職としては無能という人があり得ることになります。

しかし、年功序列の人事パターンが変えられない以上、日本企業ではほぼすべての人が、若手→中間管理職→経営層という順番で昇進せざるを得ません。つまり、極端に不得意なところがあると、そこでレースを降りる結果になってしまうわけです。

したがって、出世レースをうまく勝ち残るためには、長距離走のルールをしっかりと頭にたたき込み、損することがないように振る舞わなければなりません。

最終目標は、やはり経営層に食い込むことですから、部長以上のところで自分の力を最大限発揮できればよいことになります。逆に言うと、中間管理職までは出世が早いか遅いかということをあまり気にする必要はありません。大きな遅れにならなければ大丈夫でしょう。

特に重要となってくるのが、部長への昇進です。

マラソンコースには3段階あると説明しましたが、特に最後のフェーズにおけるルールはこれまでとは全く違ったものになります。部長に昇進した段階で、その感覚が身についていないと、それより上への昇進はかなり難しくなります。これぱかりは、部長になってから習得する、ということでは遅過ぎるのです。

STEP 5

出世は自分でするものではない

出世というものは、自分の力で勝ち取るものと思っている人がほとんどだと思います。確かにその通りなのですが、この言葉は少し注意して解釈する必要があります。自分の力で勝ち取るという言葉をあまりにも強く意識し過ぎると、物事の本質を見誤ってしまうからです。

実は、出世は自分でするものではありません。あなたを昇進させるか、させないかを決めるのは、あなた自身ではなく評価する上司や会社です。つまり、POINT 出世というものは他人の力があって初めて成立するものなのです。

社内でしか通用しないスキルを軽んずべからず

当たり前だと思う話かもしれませんが、多くの人がこの現実を見落としています。

例えば、社内で以下のような噂話を聞いたことはないでしょうか。

「あの人は社内でしか通用しない。転職市場では使い物にならないよ」

確かに日本の企業におけるスキルは閉鎖的なものが多く、欧米のように労働市場における共通の評価基準が確立しているわけではありません。中には、かなり馬鹿げたルールもあり、それに血道を上げることについて虚しさを感じる人もいるかもしれません。しかし、このことは多くの人がすでに知っていることであり、それを理解した上で社内の出世レースに臨んでいるはずです。

POINT

出世が上司や会社から評価されることを競うものである以上、社内で通用するスキルを磨くことは、最も優先順位の高い行為なはずです。逆に言うと、転職の予定もないのに、転職市場で通用する（と思われる）汎用的なスキルを磨くことは、あまり合理的とは言えません。

もし出世が他人による評価でしか達成できないことを皆が理解しているのであれば、このような愚痴は聞こえてこないでしょう。つまり、頭では分かっているつもりでも、このルールを100％受け入れているわけではないのです。

厳しいようですが、出世レースに臨むためには、まずはこのルールを完全に受け入れるところから始めなければいけません。その上で、定められたルールの中で最大限高い評価が得られるように振る舞うのが出世の王道ということになります。

誰が自分を評価するのかを考える

もっとも、出世の階段を上っていくにつれて、こうした発想から徐々に脱皮していくことも重要です。経営層に近づいていくと、評価される側から今度は人を評価する側に回っていきます。この時、上司から評価されることに慣れきってしまっていると、どのように振る舞っていいのか分からない人も出てくるでしょう。

ただ、出世してしまえば誰からも評価されなくなるわけではありません。会社での地位が上がってくると、自分を評価する人がこれまでとは大きく変わってくるのです。これは上場している会社の場合に顕著なのですが、上場企業の経営者にとって自身を評価するのは市場ということになります。結局のところ、どこまで行っても自分を評価するのは他人であるという図式に変化はありません。

会社のガバナンスについては後述しますが、株式会社という形態を採用している以上、経営には株主の意向が強く反映されることになります。個々の株主の意向の集大成が市場という存在です。

POINT
経営者に近づけば近づくほど、上司や会社ではなく、市場という存在の中で自分がどう評価されるのかを考えなければなりません。この時、評価する人やルールが変わったことをしっかり認識できているかどうかで、その人の成果は大きく変わってきます。

筆者は以前、経営コンサルタントをしていた時に、新社長に就任したばかりのある上場企業の社長から、「社長として対外的にどう振る舞えばよいか見当もつかない。アドバイスをして欲しい」とストレートに言われたことがあります。

この社長はポストにふさわしくない人物なのでしょうか？　それは全く逆です。この人物は社長として極めて有能です。

彼は競争のルールが１８０度変わったことを理解しており、その時点で自分が持っているスキルでは対応できていないことも完璧に理解していました。当然ですが、この社長はたちまち経営者としてのスキルを身につけ、大きな成果をあげた後に退任されました。

こうした変化に気づかず、中間管理職の感覚のまま仕事をしてしまう経営層も少なくありません。何も起こらなければ無事退任というシナリオもあり得ますが、もし予想外の事態に遭遇してしまうと、目も当てられないことになります。

大事なことは、常に誰から評価されているのかを意識しながら、自身の行動を決めるという考え方です。これは、すべての役職に共通するものであり、たとえ会社のトップになってもそれは変わりません。

STEP 6
組織改編にタッチする人が出世する

一般的に、出世できる人は組織に詳しいと言われます。昇進というのは組織の中で上司から評価されることで実現するものですから、当たり前と言えば当たり前かもしれません。ただ、役職が上がってくると、組織に詳しいだけでは不十分です。組織をよく理解し、そして経営上の目的のために組織を変更するという作業が必要となるからです。

組織論と出世論は不可分

程度の差こそあれ、組織というものは、その会社が行っているビジネスに最適なように変化していきます。組織改編がほとんど行われていない企業は、ビジネスモデルが何十年も変化していない可能性が高いと考えてよいでしょう。

日本の中央官庁はその最たるもので、部署の名前や人事のパターンが戦前からほとんど変わっていないところもあります。こうした組織の場合、誰が出世しやすいのかというルールは、非常に明確になっていることがほとんどです。上級管理職になっても、価値観を根本的に変える必要はありません。

一方、変化の激しい業界の場合には、当然のことながら組織の再編もしょっちゅう行われることになります。POINT 組織再編という行為は、上級管理職以上のビジネスパーソンにとっては極めて重要なツールとなるのです。

組織をいじると、情報やお金の流れが変わることになります。また、誰の立場が強くなるのかという権力構造も大きく変わります。

ある企業では、意思決定の迅速化という観点から、社長や専務といった経営トップが握っていた決裁の権限を各部門長に分散させました。すると、人の流れが劇的に変化することになったのです。

それまでは、社長や専務が賛成してくれることが絶対条件でしたから、各課長は直接、社長や専務にお伺いを立てていました。部長の仕事は、こうした社長に対するアピールを手助けすることくらいだったのです。社長や専務の時間を確保するため、秘書室にも連絡が殺到する状況で、アポイントをさばく秘書課長は下手をすると部長よりも偉い立場でした。

ところが、予算の権限を部長に下ろすと、この状況は激変しました。

すべての課長は、直属の部長と直接やり取りすることになりますから、社長室や専務室に出入りする中間管理職の数は激減し、代わりに部長のデスクの前に長蛇の列ができるようになりました。

組織を変えるということ

そうなってくると部長の評価基準も大きく変わってきます。

社長や専務が決裁を握っていた時代までは、彼らが現場の様子を直接見ることになりますから、社長や専務が気に入る案件を多数持ち込むことができた部長の評価が自動的に上がるという仕組みができあがっていました。

しかし、部長が予算の決裁をすることになると、細かい案件は社長や専務の目には触れません。経営トップは数字だけで判断するようになりますから、部長にとっては数字を上げることの重要性が一気に高まることになりました。

各部長は各課の動きに目を光らせ、数字が上がるよう課の仕事をマネジメントする必要に迫られますから、当然、課長に対する評価基準も変化していくわけです。

組織を変えるということは、こうした人やお金の流れを変えることなのです。

組織再編は、ごく一握りのトップが極秘裏に決断するケースもありますが、経営企画室のような部署が、各部門の責任者の声を集めて合意形成をしながら進めていくパターンもあります。

上級管理職であれば、組織形態が変わると人はどう動き、自分にはどのようなメリット、デメリットがあるのか、よく理解しておく必要があるのですが、それだけでは不十分です。自身にとってメリットがあるよう、組織改編に積極的に関与する姿勢も重要となってきます。

つまり、POINT 組織や評価基準というものを所与のものとして受け入れるのではなく、都合のよいルールに書き換え、ゲームそのものを自分に有利なように変えていくという発想が求められるのです。経営層に近くなると、人ではなく組織を相手にして仕事することになりますが、これはまさにその典型的な例です。

経営の世界では、よく「ゲームチェンジ」というキーワードを目にします。これは市場に適用しようと苦戦するのではなく、市場のルールそのものを変えてしまうという戦略ですが、出世レースにあてはめれば、組織の改編がまさにゲームチェンジに相当することになります。

【第1章 まとめ】

CHECK
❶ ― 課長になった時点で部長の仕事を理解しておく。部長になった時点で役員の仕事を理解しておく。

CHECK
❷ ― 課長までの仕事は対人コミュニケーション能力が求められる。部長以上の仕事は、チームという無機質なものをマネジメントし、自分の成果にする感覚が求められる。

CHECK
❸ ― 部長に昇進するあたりから従業員マインドを捨て、経営者マインドを身につける必要がある。

CHECK
❹ ― 組織はムラのある人よりも確実な人を選ぶ傾向がある。

CHECK
❺ ― 出世レースはコースを進むにつれ競争ルールが変わる。

CHECK
❻ ― 出世は他人の力があって初めて成立する。

CHECK
❼ ― 社内で通用するスキルを磨くことは、出世のために最も優先順位の高い行為である。

CHECK
❽ ― 経営者に近づくほど、上司や会社ではなく市場の中でどう評価されるのかを考えなければならない。

CHECK
❾ ― 上級管理職は、組織や評価基準をそのまま受け入れず、ルールを書き換えてゲームを有利に変える発想が必要。

第2章

基礎がなければ上に行けない

STEP 1
上司からの評価ポイントを知る

本書は部長職以上に昇進するための本ということになりますが、何事にも基礎は重要です。ビジネスの世界には、どのような役職にも共通する基礎的なスキルや考え方が存在します。基礎ができていない状態で昇進する人はほとんどいませんから、出世をめざすためには、まずはこうした基礎力をつけることが重要です。

まずは直属の上司から評価されよう

どの組織でも、出世するためには直属の上司から高く評価される必要があります。直属の上司の評価が昇進にほとんど関係しない会社もまれにありますが、それはあくまで例外です。上司からの高評価は、出世の基本と言ってもよいでしょう。そのために、この部分でいろいろと問題が発生することになります。

多くのサラリーマンが一度や二度は抱いたことがあると思いますが、組織の中では「上司は好き嫌いでしか人を判断しない」「上司の評価は恣意的」という不満が発生しがちです。筆者もサラリーマンとして組織で働いている時には、同じような不満を持っていました。

確かに上司の中には本当に能力がなく、正しい評価ができない人もいますし、感情が優先して合理的な判断ができない人もいます。しかし、大方の上司はそこまで無能ではありません。組織の中でそれなりに昇進してきた人ですから、ある程度までは人を評価するポイントを心得ているはずです。

では、なぜこうした不満が発生するのでしょうか？

その原因の1つとして考えられるのは、評価される側が上司が求めているものをよく理解していないということです。

評価される側の人は、無意識的に自分が評価して欲しいポイントを持っています。しかし、それが上司の評価ポイントや会社の評価ポイントと合致している保証はありません。両者が求めていることのズレが、最終的に恣意的な評価という不満を生んでいる可能性が高いのです。

では、上司は基本的に部下のどこを評価しているのでしょうか。

この話は、上司にとってどんな部下が理想的なのかという話に置き換えることができます。もちろんこうした内容は人によって様々なわけですが、ほとんどの上司に共通するニーズが存在しているのであれば、それが大きな割合を占めることは容易に想像できるはずです。

上司と自分が置かれている環境は似ている？

では、上司は何を求めているのかというと、話は簡単です。上司もサラリーマンである以上、あなたと同様、やはり組織での出世を望んでいます。つまり究極的には、自分の出世に役立つ部下が最良の部下であり、部下に対する評価も基本的にはこの部分を中心に行われていると思って差し支えありません。

重要なのは、その部下が実際に上司の出世に役立つのかどうかは関係ないという点です。自分の出世に役立ちそうだと上司が考えるところに意味があります。場合によっては、上司の出世には役立っていなくても、相手がそう思えばそれでよいのです。

POINT
上司から高評価を引き出すためには、自分の出世に役立つ（と上司が思える）部下にならなければいけません。こうしたニーズに対して、部下が期待している評価ポイントがズレているために、恣意的な評価しかされないという不満につながってしまうのです。

あなたは上司からいつも資料などをせっつかれているかもしれませんが、たいていの場合は上司も同じです。その上の上司から成果を要求され、説明資料を求められているはずです。特に管理職になると、より多くの書類作りが要求されるため、上司にとってかなりの負担になっているでしょう。

また、上司は部下からの質問や、場合によっては相談にも対応しなければなりません。何度も仕事のやり方を説明しなければならなかったり、細かいことまで相談を持ちかけたりする部下は、正直なところ負荷が大きいと感じているはずです。

これらの話を総合的に考えた場合、上司にとってどのような部下が望ましいのかは、おおよそ理解できてくるはずです。

上司にはおべっかを使わないと評価されないという話があります。こうしたことを強要する上司もいますし、そのような社風に染まっている企業もあるでしょう。

しかし、大方の上司は、あまり可愛くないが自分の出世に有利な部下と、可愛いものの出世に役立たない部下とでは、ほぼ確実に前者を選びます。おべっかを使うなら、仕事面で評価を得られなかった時の次善策と考えた方がよいでしょう。

STEP 2
横柄な態度は損をする

本気で上に行こうと思うのなら、人に対して横柄な態度は取らない方がよいでしょう。これは、どの段階の役職者であっても同じ理屈があてはまります。振る舞いが立派な人が出世する、といったタテマエの話ではありません。これは、サラリーマンという組織で働く人間にとっての本質的な損得の話です。

反感を持たれることはマイナスにしかならない

組織で働く人にとって、その組織内での評判は出世に大きく影響することになります。仕事ができることはもちろん重要ですが、場合によってはそれ以上に組織内での評判がモノを言う世界と言ってもよいでしょう。

特に日本型組織の場合、採用や解雇を含めて部門長が全権限を握っているケースは多くありません。もし欧米型企業のように部門長が全権限を握っているなら、その人にさえ評価されれば、出世は実現することになります。

しかし、そうではない組織の場合、どうしても昇進者の選定はコンセンサス型、減点型になりがちです。つまり、誰を出世させるのかを決める際には、よい部分よりも悪い部分の方が重視され、組織全体での評判が大きく影響するようになってしまうのです。

同じような経歴の管理職候補が2人いる時、選択の決め手となるのは仕事の実績だけではありません。他の誰にも代替が効かないほど卓越した成果をあげる人はそうそういませんし、もしいたら候補者が2人選定されることもないはずです。

候補者のどちらもそれなりの実績がある時に、選抜の決定打になるのは周囲の評判です。選抜を担当する上司は、おそらくそれとなく周辺に話を聞くはずです。ここで「彼はちょっとね……」という評価が出てくると、その上司は推薦を躊躇してしまうでしょう。

そうなってくると、仕事ができるというだけでは不十分であり、むしろ周囲とのトラブルが少ないことが出世のカギとなるのです。

人は実に様々な感情を持っています。誰がどのようなことをきっかけに自分に敵意を持つか分かりません。組織で働く以上は、相手が上司の場合はもちろんのこと、同僚や部下に対しても、横柄に振る舞って得することはほとんどないと思ってください。最近では年功序列や終身雇用も崩れてきており、自分より年下の人間が抜擢されて上司になるケースや、転職組が突然上司になるケースも出てきました。企業の合併・買収なども活発です。

場合によっては直属の部下が上司になることもあるでしょうし、ただの同業者と思っていた人が上司になることも十分に考えられます。基本的には、誰がいつ自分の上に立つか分からないという前提で行動した方が安全なのです。

以前は、年功序列と終身雇用は絶対的なものでしたから、会社では上司に対してのみ忠誠を尽くしていれば問題はありませんでした。部下や同僚にどのように振る舞っているのかについては、評価の対象外だったのです。しかし、これからの時代はそうはいきません。また、こうした時代にさらに上をめざすとなると、評価基準は全く違ってくると考えるべきでしょう。

駅でトラブルを起こす人は出世できない

以前は、部下に暴言を吐く上司をよく見かけたものですが、これはある意味で精神面での弱さの裏返しとも言えます。

組織内でいろいろガマンしてきたことの反動で、部下に八つ当たりしているわけですが、こうした人はさらに強いプレッシャーをかけられると壊れてしまう可能性があります。正確には、壊れてしまう可能性があると会社から見なされる恐れがありますから、昇進に際してはマイナス要因にしかなりません。こうした態度はできるだけ控えた方がよいでしょう。

社外での振る舞いについても全く同じことが言えます。

たまに鉄道の駅などで、他の乗客や駅員などとトラブルになっている人を見かけます。こうした出来事は、給料や昇進に直接影響するわけではありませんが、組織で働く以上は厳禁です。

以前でしたら、酔った上での駅でのトラブルといった類の話は、直接昇進に響くことはほとんどありませんでした。しかし、こうした件に対する組織の許容度は年々低下しています。外部でのトラブルがある人は、何らかの形でマイナスの評価につながってくる可能性がありますから注意が必要です。

こうしたことは、ボディーブローのように徐々に効いてくることですから、本人はなかなかすぐに認識することができません。日頃から強く意識しておかないと、思わぬところで大きなリスクを抱えてしまうことになるのです。

STEP 3
どういう人が出世しているのかを知る

何事もそうですが、何かについて上達しようと思ったら、上手な人を手本にすることは基本中の基本です。当然、これは仕事や出世についてもあてはまります。

POINT
まずは自分の会社の中を見渡し、どんな人が出世しているのか、しっかり分析することが大事です。そして汎用的な法則を見つけ出し、効率的にそれを習得していくのが最も効果的です。ところが、多くの人がこの基本的な作業を怠っているのです。

リサーチなしで出世競争に参加してはいけない

例えば、「あなたの会社ではどのような人が出世しますか?」と聞かれた時、「〇〇の条件を備えた人が出世します」と論理的に答えられる人はあまり多くないはずです。何となく「仕事ができる人が出世する」「上司に気に入られた人が出世する」「体育会系の人が出世する」といった曖昧な話に終始してしまうのではないでしょうか。

しかし、よく考えてみるとこれは少しおかしな話です。

ビジネスにおいて、事前にリサーチをしないで市場に参入することは、通常あり得ません。どんな商品が受け入れられ、市場でシェアを確保しているのかを知ることはビジネスの基本と言ってよいでしょう。

出世競争も、自分という商品を労働市場に売り込むわけですから同じことが言えます。しかし、ビジネスでは事前にリサーチをしていても、出世については無頓着な人が多いというのが現実です。

POINT
出世の法則についてリサーチしないというのは、思いつきで製品を市場に投入することと基本的に同じ行為です。出世についても、事前に入念な準備が必要なことは言うまでもありません。

社内をリサーチしてみると、いろいろなことが分かります。

日本は学歴社会ですから、出世という市場においても学歴は大きなファクターです。多くの会社で、学歴は出世と相応の関係があるはずです。しかし、単純に学歴があればどんな人でも出世できるわけではありません。そこには、会社ごとの特徴が見られます。リサーチは、こうしたところに着目する作業ということになります。

幹部社員が特定の大学に偏っているケースもありますし、幹部の一定割合について学閥から外れている人をあえて登用する会社もあります。地方の大学が多い会社もあれば、首都圏の大学が多いところもあります。

例えば同じ総合商社でも、三菱商事のように東大出身の役員が多い会社もありますし、ライバルの三井物産のように出身大学が分散している会社もあります。学歴の偏りは社風の形成や出世の法則と大きく関係していますから、こうした基礎情報は意外と役に立つものです。

出世しやすい部門を知ろう

どの部門から幹部社員を登用するのかという点も、企業のカラーが出てきます。特定部門からの幹部登用が多い会社と、そうでない会社がくっきりと分かれているからです。

営業・販売系の企業の中には、昇進において営業関連部門出身者が圧倒的に有利というところが少なくありません。一方、人事部門が強い会社はゼネラリスト志向が強く、満遍なく各部門から広く登用されるケースがよく見られます。また、営業系部門からの登用が多い企業でも、業績の悪化など特殊要因があると、管理系部門出身者に白羽の矢が立つこともあります。

家電量販店国内最大手のヤマダ電機は、創業者の山田昇社長の後任として、桑野光正常務が就任しています。桑野氏はヤマダ電機に入社後は、一貫して人事・総務畑を歩んでおり、全くノーマークの人物でした。現場を熟知し、ＰＯＳ（販売時点情報管理）システムの導入にリーダーシップを発揮した飯塚裕恭専務が後継社長の最有力候補と言われていただけに、この人事は業界では驚きを持って受け止められたようです。

家電量販店業界は、人口減少によって厳しい経営環境が続いています。拡大を続ける時代ではなくなったことから、ヤマダ電機はあえて管理部門の人物をリーダーに据えたのかもしれません。

組織における人材登用の法則を理解できると、出世の世界に「戦略」という概念を持ち込むことができるようになります。POINT どのような人が出世するのかを論理的に理解し、その市場に対してどう取り組めばよいのか、筋道を立てて考えるということです。

三菱商事においてメジャーな存在である東大出身者であれば、マスの市場を狙う戦略になります。一方、ヤマダ電機の桑野社長のように、本来主流ではない部門からの登用をあえて狙うということであれば、ニッチ戦略ということになるでしょう。

これはビジネスとして見た場合、全く逆の戦略ですから、取り組むべき課題も違って当然ということになります。

STEP 4
出世とは上司の仕事を奪うこと

出世というのは、上司の仕事を奪うことだとよく言われます。これは先ほど説明した、上司のニーズを満たすという話と表裏一体となるものです。つまり、上司が求める機能をしっかりと提供することができれば、必然的に上司がこなさなければならない仕事が減ってくるという話です。

上司は何に困っているのか？

管理職になると、仕事の絶対量が増えてしまいます。上級管理職以上になれば、マネジメントのみが仕事ということになりますが、中間管理職のほとんどはプレイング・マネージャーとしての立場を要求されてしまうのが現実です。

そうなってくると、チームのマネジメントという仕事に加え、自身もプレイヤーとして動かなくてはならず、負荷が一気に増えてしまうことになります。また、管理部門などへの報告書の提出や、予算関係など数字を扱う仕事も多くなってきます。期末にはこうした仕事が一気に集中しますから、想像以上の忙しさになってしまうわけです。

こうした環境に置かれた中間管理職にとってありがたいのは、どのような部下でしょうか。おそらく、上司自身がプレイング・マネージャーとして稼ぎに行く時間を確保してくれる部下ということになるはずです。

このような時、そうした状況をうまく察知して上司がして欲しい仕事を積極的にこなしてくれる部下と、一方的に頑張っていることをアピールしてくる部下を比較した場合、前者に軍配が上がるのは当然の結果と言えるでしょう。

有能な部下になるためのポイントはいくつかあります。

1つは、提出する書類の内容とタイミングです。部下がまとめた資料を上司が再チェックしたり、内容を書き直さなければいけなかったりするような状態では上司の仕事は増えるばかりです。こうした書類仕事には、たいてい厳密な締切りがあります。上司は部下から資料や文書を集めて再構成して最終的に仕上げるわけですから、部下としては上司が書類を提出しなければいけないタイミングを把握しておかなければなりません。

締切りより前の段階でラフな成果物を見せ、方向性のすり合わせをしておくことが重要です。丁寧に書いてはみたものの、結局締切りに間に合わないということでは、上司にとって価値はゼロになってしまいます。

上司はとにかく時間がない

もう1つは、上司が部下の指導に費やす時間です。

指示した内容を部下がしっかり把握していないと、上司は軌道修正をするために説明したり、やり方を教えなければなりません。

部下にとっては自分だけの問題ですからあまり意識しませんが、そうした部下が5人いたら、上司は5人すべてにいちいち状況を説明し、指導しなければいけません。

これは上司にとってかなりの負荷となるのです。

もちろんスジ論で考えれば、部下には徹頭徹尾、そうならないよう具体的に指示を出すことが求められます。すでに管理職に昇進している読者の方であれば、部下とのこうしたコミュニケーションを最小限にする工夫をすぐにでも始めることが重要です。

中間管理職以下の読者の方であれば、こうした負荷を取り除くことができると、上司からの評価は高くなるということをよく覚えておいてください。

上司が出した指示を的確に理解するためには、話をきちんと聞いているだけでは不十分です。人は事前に予備知識がないと、話を正確に理解することはできません。したがってPOINT 上司の指示を理解し、お互いに齟齬が生じないようにするためには、上司がどんな仕事をしているのか、そして今どんな状況になっているのか理解することが非常に重要です。

上司が作ろうとしている文書は、その上の上司が求めているものなのか、経理部門が求めているものなのか、対外的なものなのかによって、扱う情報の質や量も違ってきます。また、締切りに対する切迫度合いも様々でしょう。

こうした状況を理解した上で上司からの指示を仰ぐのと、上司が何をしているのか理解せずに、ただ口頭で説明を聞いているのとでは、理解力に雲泥の差がついてしまいます。仕事がデキる人というのは、常に準備万端です。

上司が求める書類を最適なタイミングで作成し、そのために余分なやり取りがなければ、上司は安心してプレイヤーとしての仕事に時間を費やすことができるでしょう。つまり、有能な部下は上司の余分な仕事を奪い、大事な仕事に集中できる環境を提供できるのです。

出世するためには、上司の仕事を奪うことが重要というのはそういう意味です。

STEP 5
自分を変えるか、異動を待つか

出世というのは、上司のニーズをうまく満たすことだと説明してきました。大きな枠組みでは、上司の出世に役立つ機能を提供すれば評価は上がりますが、人はそれほど合理的ではありません。

客観的に見て上司にとって有利とは思えなくても、こだわっているものがある場合、部下はそれを強要されることになります。これが部下の価値観と合わないと、かなり面倒なことになってしまいます。

相手が変わることを期待してはいけない

こうした上司とうまく対応するためには、2つの選択肢があります。

1つは、納得できなくても上司に合わせ、そこで高い評価を得られるように工夫するというもの。もう1つは、その上司とのやり取りは諦め、異動で別の上司になるまでやり過ごすというものです。

一介のサラリーマンから大企業トップに登り詰め、最終的には大統領にまでなった韓国の李明博《イ・ミョンバク》氏は、相手に合わせることの重要性を説いています。

韓国は日本よりもはるかにコネが重視される重苦しい社会です。家が貧しく奨学金で大学に通った李氏にまともなコネはなく、実力で出世するしか方法はありませんでした。上司の中には理不尽な人も多く、若い時は相当苦労したようですが、ある時から考え方を変え、徹底的に上司を分析することで道が開けたとのこと。

李氏は相手を変えることは不可能と判断し、自分が柔軟に振る舞うことを決意しました。そして、上司の思考回路や行動様式を徹底的に研究し、それに合わせて常に上司の先を行くようにしたのです。その結果、上司とソリが合わないという事態を最小限に食い止めることができるようになり、最後はトップまで登り詰めることに成功したわけです。

こうした発想は、企業が市場の変化を前に柔軟に方向性を変えることとよく似ています。上司と合う、合わないという問題を全人格的で深刻な話として捉えてしまうと精神的に参ってしまいます。POINT ゲーム感覚を持ち込むことで、気軽に対処ができるようになるはずです。

市場の変化に対して柔軟な企業は真剣勝負でありながらも、どこかでゲーム感覚的なものを持ち合わせています。一方、変化に対して柔軟に振る舞えない企業は、必要以上に深刻に考えがちです。

出世についても1つのゲームとして捉え、上司への対応策を練られるようになれば、本物でしょう。

異動を待つのも1つの方法

こうした手段を用いても効果がなかったり、異動が激しい大きな組織の場合には、無理に相手に合わせる必要はありません。上司が異動で別の部署に行ってしまうか、自分が他の部署に異動になるのを待つ戦法を取った方がよいケースもあります。

ただ、こうしたやり方は一定規模以上の組織にいる場合に限定した方がよさそうです。比較的規模が小さい組織では、その上司と再び仕事をしなければならない可能性もあるので、こうした行動は取らない方が賢明です。

さらに言えば、中間管理職までは半ば機械的に昇進するのがルールとなっている会社の方がなおよいでしょう。こうした組織では、直属の上司の評価がそれほど重要視されないことが多いからです。

つまり、この作戦を採用するためには、異動パターンが出世の法則にどう影響しているのかについて知っておく必要があるのです。

組織の中には、上に行く人は同じような部署に連続して配属され、あまり大きな異動がないというパターンがよく見られます。先ほど、出世するには組織のリサーチが重要という話をしましたが、昇進と異動の関係を丹念に追っていけば、こうした傾向ははっきりしてきます。

類似の部署にいる人が出世しやすい組織の場合、異動が激しいことはあまりプラスの評価をされません。そのような組織では、異動そのものがマイナスとなってしまいますから、やはりガマンした方が得策と思われます。少なくとも自分からは異動を希望せず、上司の異動を待った方がよいでしょう。

それほど大きくない組織であっても異動が頻繁であれば、あまり気にする必要はありません。あまり規模が大きくないにもかかわらず異動が多い組織の場合には、減点方式よりも加点方式の評価になっていることもあります。そうであるならば、チャンスを狙って積極的に部署を異動してもよいでしょう。

自分が変わるか、異動するかの選択についても、組織のメカニズムが非常に大事な要素なのです。

STEP 6

コミュニケーションはやっぱり最大の武器

どんな組織であれ、他人とスムーズにコミュニケーションを取ることは出世の必須要件となっています。それは誰もが認めるところですが、コミュニケーションを取るのが下手、あるいは面倒という人が多いのも現実です。

中間管理職までの出世の法則を記した第2章の最後は、やはりこの問題で締めくくりたいと思います。

朝、顔を合わせても挨拶しない2つのタイプ

日本では朝、職場で顔を合わせても「おはようございます」などの挨拶を交わさない人が結構います。仕事を頼んだり、話しかけても無視したり、あるいはちゃんと返事をしない人も一定数存在します。これは国際的に見ると、かなり異様な光景と言っ

てよいでしょう。

ある財団法人の管理部門に勤務していたYさんの職場では、朝の挨拶がほとんどなかったそうです。多くの職員が出社すると、そのまま黙って席につき、仕事を始めてしまいます。用事ができると初めて、ボソボソと「Yさん…」と話しかけてくるのが常でした。

こうした職場は珍しくないのですが、彼らはコミュニケーションを取ること自体が嫌なのでしょうか。決してそんなことはありません。

筆者はコンサルタントという仕事を通じて、職場のコミュニケーションについて顧客企業といくつか実験をしたことがあります。

その実験は、ある会社内で誰かが話しかけてもちゃんと返事をしない人を見かけたら、すかさず「なぜ返事をしなかったのですか?」と聞いてみるというものです。

相手は想像もしなかったことを突然聞かれるので、たいていびっくりするわけですが、その後の反応は真っ二つに分かれます。

1つは、ハッと気づいたような表情で「いや、他のことを考えていたので…」などと釈明するパターンです。もう1つは、「何でお前にそんなことを言われなければならないんだ」というような感じでムッとした表情をするパターンです。

返事をしなかったことを釈明する人は、気持ちよくコミュニケーションするためには、きちんと返事や挨拶をすることが重要だと思っているのですが、ついつい面倒なのでやっていなかったのだと考えられます。コミュニケーションをサボっていたことについて恥ずかしいと思っていますから、釈明するという行動になるわけです。

これに対してムッとした人は、基本的に自分が相手に対して愛想を振りまく必要はないと思っている人たちです。

では、このタイプの人は自分が無愛想だから、相手も無愛想でいいと思っているのでしょうか。決してそうではないところが、この話の大事なところです。彼らのほとんどが自分は無愛想にしているにもかかわらず、相手には愛想よく振る舞って欲しいと思っているのです。

コミュニケーションがマメな人には大きなチャンスが転がっている

これらのことから、コミュニケーションに関して非常に重要なことがわかります。

POINT

職場の中で一定数の人がコミュニケーションを積極的に取ろうとしていない状況でも、ほとんどの人は相手から愛想よくされたり、上手にコミュニケーションを取ってもらったりして欲しいと考えているのです。非常にわがままな話ですが、これは市場という視点で考えると大きなビジネスチャンスとなります。

多くの人がコミュニケーションをうまく取れておらず、しかも相手は積極的なコミュニケーションを望んでいるのであれば、コミュニケーションを積極的に取る人は、組織の中である程度主導権を握ることが可能となってきます。

先ほど例に挙げた無愛想な職場で戸惑っているYさんは、あまり意識せずとも普通にコミュニケーションを取れば、それだけで大きなアドバンテージになる可能性が高いのです。

こう考えれば積極的にコミュニケーションを取れる人が上に行くのは、ある意味で当然のことだとお分かりいただけるはずです。

コミュニケーションには特別なスキルは必要ありませんから、これは誰にでも実践が可能です。ちょっとした気遣いや、面倒なことを乗り越えるマメさがあればよいのです。これを活用しない手はないでしょう。

こうした知見は、自身が管理職になるとさらに発揮されることになります。部下とのコミュニケーションの効率が上がれば、部下とのやり取りに割く時間を最小限にでき、プレイング・マネージャーとしての成果をあげる余裕が出てきます。

POINT
出世のどの段階においても、コミュニケーションは最大の武器となるのです。

【第２章 まとめ】

CHECK
❶ ── 高評価を得るためには、上司の出世に役立つと思われる部下にならなければならない。

CHECK
❷ ── 仕事ができるだけではなく、周囲とのトラブルは少ないことが大切である。

CHECK
❸ ── 会社の中で、どんな人が出世するのかを分析し、どう取り組めばよいのか、筋道を立てて考える。

CHECK
❹ ── 上司の指示を理解し、齟齬が生じないようにするためには、上司が今どんな状況になっているのか知る。

CHECK
❺ ── 上司自身がプレイング・マネージャーとして稼ぎに行く時間を確保してくれる部下はポイントが高い。

CHECK
❻ ── 職場で自分からコミュニケーションを積極的に取ろうとしなくても、ほとんどの人は相手から愛想よくされたり、コミュニケーションを取ってもらいたいと思っている。

CHECK
❼ ── 合わない上司に対しては、ゲーム感覚を持ち込むことで気軽に対処する。

CHECK
❽ ── 出世のどの段階においても、コミュニケーションは最大の武器となる。

第3章
ルールの変化を知る

STEP

❶ 世代ごとに変わる出世のルール

第3章では、いよいよ部長以上への昇進という部分に焦点を絞って話を進めていきたいと思います。

すでに何度か指摘しましたが、長い出世レースの道のりには大きく分けて2つの関門があります。1つは若手から管理職に昇進する段階。もう1つが管理職から経営層に昇進する段階です。つまり組織での仕事には、①若手の仕事、②管理職の仕事、③経営層の仕事、という3つの世代があるわけです。そして、世代ごとに昇進のルールが異なっているのです。

若手のうちは求められているものを理解すること

では、順を追って世代ごとのルールを確認してみましょう。

若手の時は、基本的に上司の指示に基づいて与えられた仕事を進めることになります。したがって、人事の評価は指示された仕事をしっかりとやり遂げることができたのかという点が重視されることになります。

筆者は第1章や第2章で、若手が高い評価を得るためには上司のニーズを先読みすることが重要であると述べましたが、その理由は上司の指示が仕事の起点になっているからです。

極論を言えば、若手は仕事に関して創造性や独自性は求められていません。自分流のやり方で成果をあげたと思っていても、上司や会社から見た場合、全く評価に値しないということも少なくないのです。

POINT したがって、若手の段階では自意識を捨て去り、上司や会社が何を求めているのかをしっかり理解することが重要です。これさえできれば、どんな人でもそれなりに高い評価を得ることが可能です。

ところが、管理職に昇進すると状況が変わります。

筆者は、若いうちは誰が出世頭であるといった競争はあまり気にしなくてよいと考えています。その理由は、管理職になると出世のルールが変わるので、出世レースもリセットされるからです。POINT 一番に管理職に昇進することよりも、管理職としての仕事でしっかりとした成果をあげることの方が、出世にはずっと有利です。

POINT 若手と管理職との最大の違いは、自分の働き方を評価されるのではなく、人の使い方を評価されるという部分です。

管理職への昇進が実現した人は、若手の時にそれなりの実績をあげた人のはずです。しかし、若手の時の評価は、あくまでも与えられた仕事をうまくこなしたかどうかで決まります。ここに他人が入り込む余地はありません。

ところが管理職になると、自分とは関係ない部下という他人の動きで評価されてしまうのです。これは、見方によっては天と地ほどの違いになります。

自分から他人へ、他人から組織へ

実際に部下を使ってみると分かりますが、人というのはそう簡単にコントロールできるものではありません。

ある程度までは言動を類型化したり、パターン化したりすることはできますが、状況に応じてきめ細かい対応をしなければ、自分が望むようには動いてくれません。上司の様子を伺うということとはまた別の次元で相手の状況を理解しなければ、部下を活用することはできないでしょう。

また、管理職になると処理しなければならない文書の数が一気に増えます。管理するのが管理職の仕事ですから当然と言えば当然ですが、この部分も気を抜けません。課長クラスが提出した文書は経営層も目にすることがありますから、場合によっては文書作成能力もその後の昇進の判断基準となってきます。特に重要となってくるのは、数字の取り扱いです。

経営の上層部からの要求と、現場の状況は大きく乖離することがあります。上層部や管理部門からの要求をそのまま受け入れていたら、現場はとても耐えられない状況に陥ることはよくあります。一方、現場の話ばかり聞いていたのでは、上層部が求める数字をきっちりと作り出すことはできないでしょう。

POINT

現場の状況を理解しつつ、上層部や管理部門が求める数字を作成できるかどうかは、管理職の腕の見せ所です。つまり、この部分は管理職にとって極めて重要な評価項目になる可能性が高いのです。事務仕事は面倒だからと手を抜いていると、トンデモナイ結果になってしまう可能性がありますから注意が必要です。これも若手の時にはなかった感覚だと思います。

管理職から経営層（もしくは経営層に近い上級管理職）に昇進すると、さらに大きな価値観の転換を迫られます。管理職への昇進は、自分から他人へと視点を転換することでした。POINT **管理職から経営層に昇進すると、今度は人から組織へと視点を変えなければいけないのです。**

人をうまく使って成果をあげるのではなく、組織というものをうまく動かして成果をあげる能力が求められると言い換えてもよいでしょう。

組織というものは人の集合体ですが、そのメカニズムは単純ではありません。

組織という形になると、構成員の意向が必ずしも反映されなくなってきます。つまり、個人の意思とは別に、組織としての意思というものができあがってくるのです。上級管理職以上の人は組織の意思をうまくコントロールして、全社的に利益が上がるよう工夫しなければなりません。

組織や全体の業績というバーチャルなものを扱う以上、数字に対する能力がこれまで以上に強く求められることになります。

この頃には、財務諸表といった会計の知識も必須となってくるでしょう。また、企業内でキャッシュの動きがどうなっているのかという視点も必要とされます。つまり、人・モノ・カネの流れを頭の中で描くことができなければ、経営層にはなれないのです。

STEP 2
課長から上に行けない人

具体的に課長から上に行けない人というのはどのようなタイプなのでしょうか。これまでの話でおおよそ想像がついていると思いますが、それは「人を動かせない人」です。

褒めれば人は本当に動くのか

「やってみせ、言って聞かせて、させてみて、褒めてやらねば、人は動かじ」というのは、元海軍大将・山本五十六の名言ですが、人を動かすことの難しさは、この言葉にほぼ集約されていると言ってもよいでしょう。この言葉の中で特に重要なのは、「させてみて」と「褒めてやらねば」の部分です。

若手の時には仕事ができたのに、管理職になってからはあまり高い評価を得られない人の大半はここでつまずきます。

会社の中では、よく「仕事を盗め」と言われます。これは全くその通りで、若手の社員は先輩や上司の動きを見て、その仕事の進め方をうまく盗むことができれば、仕事ぶりはみるみる上達します。

しかし、先輩や上司の仕事をうまく盗める人は、実はそれほど多くありません。この言葉は、ごく少数の仕事ができる人にとっての話です。おそらく若手の時に仕事ができた人の大半は、自ら工夫して先輩や上司の仕事の進め方をうまく盗み、自分のものにしてきたのでしょうが、大方の人はそうではないのです。

ここに、仕事ができる上司とそうではない部下との間のギャップが生じます。

つまり、チームの上司が「俺の仕事を盗め」と言ったところで、ほとんどの人は仕事をどう盗んでよいのかも分からないのです。この状態では、チーム全員が高い成績をあげられるわけがありません。

この仕事を盗むという考え方は、先ほどの山本五十六の名言にあてはめれば、「やってみせ」という段階ということになるでしょう。ここに多少の説明が加われば、「言って聞かせて」になります。しかし、この名言が示している通り、それだけでは人は動きません。

管理職にとって大事なのは、その次の「させてみて」ということになります。

仕事ができる人は、何も考えずにできてしまいますから、仕事ができない人がどこでつまずいているのか分からないことがあります。

POINT 仕事ができない人をうまく指導するためには、つまずいた場所を特定し、その理由を分かるように説明し、どうすれば克服できるのか具体的に示した上で、行動をサポートしてあげなければなりません。

ここまでやって、初めて人は動き始めます。

マネジメントなどに関する本を読むと、「褒めれば人は動く」「叱責はよくない」といった話がよく出てきます。これらの話はウソではありませんが、実際にマネジメントの現場を体験した人間からすると、話半分といったところです。

「褒めれば人は動く」という言葉の前段階には、ここで解説しているように、実際に仕事を「やってみせる」というフェーズが必要になります。確実に成果があがる方法をしっかりと身につけ、そこに褒められるというご褒美が加わることで、最高のパフォーマンスが発揮されるわけです。

正しい仕事の仕方を身につけさせることなく、ただ褒めてばかりという状態では、最悪の結果になることは目に見えています。間違った仕事の仕方を褒められるわけですから、成果は得られませんし、増長するばかりでしょう。

管理職の本当の仕事はマネジメントすること

これまで書いてきたことは当たり前のことなのですが、管理職に昇進した人の中の一定割合が自分が置かれた状況に対応できません。若手の時に仕事ができた人ほど、部下が思ったように動いてくれないというジレンマに遭遇します。

中間管理職のほとんどはプレイング・マネージャーですから、仮に部下が動かなくても自分がうまく仕事を進め、課の業績の多くを自らの力だけで達成することも不可能ではないでしょう。

しかし、このやり方ではいつか限界が来てしまいます。

管理職が部下のマネジメントという本来の仕事以外に、プレイヤーとしての仕事を背負い込んでしまうと、当然のことながらマネジメントの質は落ちます。

数字の面では自分の仕事でカバーすることができたとしても、部下が次々に異動の希望を出したり、精神的な問題を抱えて退職してしまったりすると、管理職としての適性に疑問符がつく可能性が出てきます。

逆に部下のマネジメントについて試行錯誤している間に、プレイヤーとしての仕事がおざなりになり、数字が上がらないというケースも出てくるでしょう。

このような状況に陥ってしまう人は、残念ながらその上に行くための切符を手にすることが難しくなってしまいます。

管理職にとって本当の仕事はマネジメントをすることですから、まずはマネジメントに集中できる環境を構築できるかどうかがカギとなります。

プレイング・マネージャーとしての能力は、本来であれば先ほどの山本五十六のように、部下に具体的な手本を示す部分で発揮するのが正しい姿ということになるでしょう。

STEP 3

部長から上に行けない人

人をうまく使うことができれば、部長クラスの役職に昇進することが可能となります。しかし、課長の時に大きなカベがあったように、部長になってからも別の大きなカベが待ち受けています。部長に昇進したにもかかわらず、さらにその上に昇進できない人は何が原因なのでしょうか。

組織を動かすことの意味

課長から上に昇進できない人の原因が「人をうまく動かせない」ということだとすると、部長から上に昇進できない人の原因の多くは「組織をうまく動かせない」ということに尽きると思います。

課長クラスまでは、人の顔を見てマネジメントすれば一定の成果をあげることができました。しかし、部長以上になると人ではなく組織を見てマネジメントしなければなりません。組織は人の集合体ですが、人と組織というのは似ているようで、全く異なる存在です。ここを勘違いしてしまうと、上級管理職としては不適格の烙印を押されてしまうでしょう。

POINT

課長クラスとは異なり、部長以上の立場になると評価者は経営層ということになります。評価の内容も単純な業務上の成果に加え、全社的なミッションへの対応が求められるようになります。これを前提に動く人とそうでない人には、大きな差がついてしまいます。

全社的なミッションというのは、例えば以下のような話です。

ある企業がトップの決断で、特定の事業分野に多額の先行投資を実施するケースをイメージしてください。投資規模が大きい場合、その企業の経営状況によっては財務体質が悪化し、銀行との取引条件も悪くなる可能性があります。

そうなってくると会社のトップは財務担当役員を呼び、何とかしてキャッシュ・フローを20%増やして欲しいといった指示をすることになります。財務担当役員は、取引先との条件を一律に見直すよう各部門の責任者に通達を出すことになるでしょう。

しかし、財務担当役員からの急な指示は、現場を無視した杓子定規なものであることがほとんどです。その結果、現場は大混乱に陥ります。これまで翌月末の支払いでよかったものを3カ月先などに引き延ばすことになると、取引先の中には経営が傾くところも出てくるかもしれません。

当然、課長クラスは部長に対してこのままでは取引がメチャメチャになってしまうので、何とかして欲しいと泣きついてくることになります。ここで上層部と課長クラスとの板挟みになって右往左往していたら、大きな失態となってしまいます。

しかし、上の決定だからと言って下に対して条件を強要してしまうと、課長たちからの支持を得られません。人を見て仕事をしているだけでは、どうしても限界に達してしまうのです。

ここで部長に課せられたミッションというのは、現場の混乱を最小限に抑えつつ、上層部の決定を遂行するための「仕組み」を構築することです。課長との人間的な付き合いで問題を解決することではありません。

上に行ける人は数字をフル活用する

こうしたところに頭が回るかどうかで、部長としての評価は大きく変わります。具体的には、どのように振る舞うのがよいのでしょうか。

部長クラスになれば、取引価格をある程度柔軟に決定する権限を持っているはずです。取引量が多いところは、価格を上乗せする代わりに入金日を延ばしてもらうなどの交渉の基本戦略を立て、これを各課に徹底させるのが部長の役割です。

中には交換条件を提示できず、最悪の場合は相手に泣いてもらうケースも出てくるでしょう。相手がどこまでなら耐えられ、その影響はどうなるのかまで総合的に考えることができるのは、ここでは部長しかいないのです。

しかし、こうした戦略立案はただ感覚で行えばよいというものではありません。数字という裏づけがあって、初めて成立するものなのです。

キャッシュ・フローを確保するため、仮に取引条件を甘くした場合には当然、利益率の低下という形でマイナス面が及んできます。こうしたマイナス面の影響は、どこまで許容できるのかというモノサシが必要となってきます。ここで財務的な視点を持っているかどうかが、大きな違いとなって顕在化してきます。

財務の視点があれば、自社への影響を定量的に考えることができ、財務担当役員やトップが求めている成果をより具体的に理解することができるでしょう。これに加えて、取引条件の変更が相手の企業にどう影響を与えるのかについても、比較的容易に推測することが可能となります。

この作業は数字というモノサシを使って交渉条件を見える化し、これを組織全体に適用していくということになります。このように、POINT 部長クラスの人物に求められているのは俯瞰的な仕事なのです。

さらに言えば、取引先との条件は価格だけではありません。

製品のサポートなどアフターケアという分野もありますし、長期的な取引条件という別の交渉材料を提示する方法もあります。

業種によっては取引先に人を出したり、逆に取引先から人を受け入れることもあるでしょう。こうした関係は数字には直接影響しませんが、場合によっては数字を変えずに状況を変化させる材料となります。

このように、複数の交渉材料をうまく使い、最終的に求められている数字が出るように交渉をまとめていきます。組織が動く仕組みを作るためには、数字の感覚は必須要件となってくるのです。

このような局面においては、人の個人的な能力をうまく引き出すといった仕事のやり方は通用しません。これはまさに戦略的なものであり、人間の話ではないのです。

上級管理職はここが試されますし、うまくクリアすることができれば、経営者としてやっていく素養があるとみなされることになるでしょう。

STEP 4
部下のために確保する時間の使い方

日常的な業務というところに目を向けてみると、昇進して役職が上がっていくにつれて大きく変化するのは、時間の使い方です。

変化を前提に「攻め」の姿勢で時間のマネジメントをする人と、「受け身」で時間のマネジメントに追い込まれる人とでは、管理職としての成果に大きな差がつきます。

管理職として成功できるかどうかは、時間に対する認識次第と言っても過言ではありません。こうした時間の質的変化は、昇進する前から意識しておかなければ、十分に対応することはできないでしょう。

自分のための時間は存在しなくなる

部下として仕事をしているうちは、基本的に時間はすべて自分のために存在しています。与えられた仕事を遂行するために、時間をフルに使えばよいわけです。しかし、役職が上がってくるとそうはいかなくなります。

自分のためではなく、他人のために使う時間が増えてくることになり、うまくマネジメントしないと使える時間が一気に減ってしまうのです。中間管理職の場合には、部下1人ひとりの状況を把握するための時間を強く意識する必要があるでしょう。

一口に部下と言っても、いろいろなタイプがいます。

指示さえしっかりすれば仕事をテキパキとこなし、適切なタイミングで報告してくれる部下なら、ほとんど手はかからないでしょうが、こうした部下に巡り会うことは極めてまれです。

最も多いのは、指示待ちタイプの部下でしょう。

指示待ちタイプは基本的には自分からは何もしないので、ほったらかしにするとチームの足を引っ張ることになります。しかし、このタイプも基本的には高い頻度のコミュニケーションを心がけ、指示の内容をより具体化することで、それなりの対応が可能です。

問題なのは、仕事の進め方が分からず何度も相談に来る部下と、基本的に上司とのコミュニケーションを嫌う部下です。

上司に仕事を相談するという行為自体は悪くありません。部下の状況を把握できますから、ある意味ではありがたい部下と言ってよいでしょう。

しかし、物事には限度というものがあります。

自分だったら5分で済む話も、こうした部下の場合には1時間や2時間と必要とすることも珍しくありません。このようなことを繰り返していると、自分の時間はあっという間になくなってしまいます。

相談され、いろいろと話を聞いて初めて状況を把握しているようでは、部下との時間が無限大に増えてしまうのです。こうした事態を回避するためには、POINT 事前に部下の状況を察知し、ある程度のアタリを付けておくことが重要となります。

この対処方法は、コミュニケーションを嫌う部下に対しても同様です。

濃密なコミュニケーションを嫌う部下に高い頻度で話しかけると、ますます嫌がられてしまいます。だからと言って、部下の状況を把握できないまま放置することはできません。それができていないと、たいていの場合、その部下は高い成績をあげることができなくなるからです。

どのような状況になっているのか、周辺の情報から総合的に判断するといった作業がどうしても必要となってくるのです。

上級管理職のタイムマネジメントに必要な想像力

先ほど、中間管理職はプレイング・マネージャーであることが多いという話をしましたが、もしそうであれば最も留意すべきなのは、部下のために割く時間と自分のために割く時間のバランスということになるでしょう。効果的な時間のポートフォリオを組むことができた人が、中間管理職として高い成績を残すことができるのです。

ところが、部長以上の場合、自分以外のために時間を使うという点では同じでも、その内容は大きく変わってきます。仕事の時間の大半は部下の中間管理職から報告を聞く作業に充当されることになるのです。相手は課長クラスですから、少なくとも一定の成果をあげて昇進した人物です。中間管理職が若手の部下から話を聞く状況とは、かなり異なります。

POINT
中間管理職から報告を聞くにあたって重要なのは「想像力」です。

なぜなら、彼らは自分に不利にならないよう、報告内容を微妙に誤魔化すからです。上級管理職はそれをある程度見据えた上で、そのチームがどのような状況になっているのか想像力を働かせなければなりません。

そして、自分が思い描いた形に各課がうまく動いてくれるよう、組織をコントロールしていく必要があるわけです。

上級管理職も会社全体からみればパーツの一部にしか過ぎませんが、少なくとも部長から見た場合、各課の集合体は1つの会社組織でなければなりません。その意味では、上級管理職はすでに経営者と言っても過言ではないのです。

会社の経営者は各部門から上がってくる報告書に目を通し、財務担当役員から上がってくる全社的な数字と比較します。どの部門をどう動かすと、最終的に自分が望む財務的な数字を得られるのかシミュレーションしていくわけですが、具体的にそれを実現するための方策が戦略ということになります。

ここまで規模は大きくありませんが、上級管理職の仕事も同じです。部全体の業務と数字を頭の中で描き、各課からの報告書を基に全体像とのズレを修正していくというのが日々の仕事になるでしょう。

つまり、上級管理職以上の役職には、想像力や抽象的思考というものが求められるようになるわけです。これは若手社員の時には、全くと言ってよいほど必要とされなかった能力であり、むしろ実業家に求められる資質に近いものなのです。

STEP 5

「責任感」の概念が変わる

役職が上がってくると仕事の内容や質に加えて、仕事に対する責任感の概念も大きく変わってきます。このあたりの変化に鈍感な人は、思わぬところで足をすくわれてしまうかもしれません。

特に部長から役員に昇進する段階になると、責任感の意味や責任を取るための行動規範がこれまでとはまるで異なってきます。この違いはパラダイム・シフトに近いものがあるので、強く意識しておく必要があるでしょう。

日本は無責任社会と言われるが…

日本はよく無責任社会と言われます。個人では責任感が強いのに、集団になると誰も責任を取ろうとしない傾向が顕著です。これは企業の不祥事などが発生するたびに、よく話題になります。

しかしながら、よくよく考えてみると、この論理は少しヘンです。

責任感の強い人がチームを組めば、やはりチーム全体も責任感が強くなるはずであり、個人として責任感の強かった人がチームを組むと、突然無責任になるという展開は少々無理があります。

そうなってくると、1人ひとりに責任感があるという話がウソなのか、チームになると無責任体質になるという話に何かウラがあるのかのどちらかということになるでしょう。現実は後者と考えられます。

このような矛盾が発生してしまうのは、責任感というもののニュアンスが、状況によって異なっていることが主な原因と考えられます。

「個人の責任感が強い」というのは、周囲の状況を把握し、和を乱さないよう自己主張を抑えて行動できているという意味で使われていることがほとんどです。これは、あくまで狭いコミュニティでの責任感ということになります。

こうした行動規範は、いわゆる日本型企業の社会では特に重視されています。特に管理職以下の世代では、重要な評価基準と言ってもよいでしょう。

この行動規範にはいろいろと問題もあるわけですが、これを守ることのできる人の組織内での評価は高いのが現実です。特に若いうちは、こうした態度を強く意識した方が有利なのは間違いないでしょう。

しかし、企業の不祥事や業績悪化の際に経営者などにぶつけられる「責任感」という言葉は、これとはだいぶ意味が違っています。

ここで言う責任感とは、ある目的を達成するためにやるべきことがしっかり実行できているのかという意味になります。仮に和を乱すことになっても、目的を達成するために最善を尽くしたのかが問われることになるため、場合によっては先ほどの責任感と利害が対立する可能性もあるわけです。

組織の中で出世し、役職が上がっていくにつれて、前者より後者の責任感の方が強く求められるようになってきます。

トップともなれば会社全体の業績がかかっており、和を乱しているかどうかはあまり問われません。この境目となるのが、部長に代表されるような上級管理職ということになるでしょう。

POINT
上級管理職に昇進した場合には、これまでの役職において常識となっていた責任感

という概念は、いったん捨て去る必要があります。これに代わって、新しい責任感を身につけることが重要となります。

しかし、一部の管理職には若い世代における責任感をそのまま引きずり、意識を変革できない人がいます。要職に就いたにもかかわらず、不祥事の対応などで右往左往し、大きな失態を演じてしまう人の多くは、これが原因です。

ムラ社会的な責任感は通用しない

2000年、雪印乳業（当時）の乳製品が原因で、集団食中毒が発生するという事件が発生しました。この食中毒では、合計1万5000人の被害者を出しています。

事件について記者会見に臨んだ同社の社長は、「私は寝てないんだ」と発言して大問題となり、最終的には辞任にまで追い込まれました。

会社のトップとして社会全体に対して果たさなければならない責任と、会社組織の中で果たさなければならない責任は根本的に違います。

この社長は、組織の中での責任という中間管理職以下の感覚から十分に脱皮できないまま、不幸にもトップに就任してしまったものと考えられます。本人にしてみれば、自分はこれまでと同様精一杯やっており、組織の中ではしっかり義務を果たしているのに、という感覚だったのでしょう。

また、日本ではオリンパスや東芝などグローバルにビジネスを展開する上場企業においても、たびたび不正会計問題が浮上します。東芝のケースでは、経営トップが発する「チャレンジ」という言葉がプレッシャーとなり、社員が不正会計に走ってしまったとされています。

チャレンジという言葉でプレッシャーをかけたり、逆にそのプレッシャーに負けて会計を操作したりする行為は、どちらも中間管理職以下の責任感の概念に近いものです。指示を出す側には仕組みとして成果をあげるという意識が欠如しており、指示を受ける側にはムラ社会の中で孤立したくないという意識が強く働いています。

特に東芝の場合には、その責任がうやむやなままですので、このまま事件が収束しては日本企業の今後に大きな禍根を残してしまうかもしれません。

こうしたムラ社会的な責任感を持ったまま、上級管理職や経営層に昇進することは非常にリスキーです。普段はこうした意識が問われることが少ないだけに、何らかの出来事をきっかけに問題が顕在化するという状況に陥りがちです。

中間管理職が見えてきた段階から少しずつ準備をしておき、昇進後は自発的に意識改革を進めていくことが重要でしょう。

STEP 6
正しい経営者目線を身につける

会社で出世していくためには、経営者目線になることが重要とよく言われます。高い役職に就くためには、経営者目線が必要という考え方自体は間違っていませんし、ビジネスパーソンはこれを前提にスキルを磨くべきです。経営者目線のないまま経営層に近いポジションに就くことは、組織のためにも、本人のためにもよくありません。

しかし、世の中で言われている「経営者目線」という言葉には、いろいろと誤解が含まれていることが多いのも現実です。

ただ儲ければよいというわけではない

よくありがちなのが、経営者目線という言葉を、ただ業績を上げればよいという話にすり替えてしまっているパターンです。先ほど例に挙げた東芝の不正会計事件も同じカテゴリーに分類できるかもしれません。

確かに経営トップを始めとする上位の役職者は、業績に対して大きな責任を負っています。中間管理職以下では、成果があがらなくても直接的な責任を負うことはありません。その理由は、役職が下の社員は基本的に提供した労働力に対してのみ対価が支払われているからです。結果に対して責任を負うという点で、上級役職者とそれ以外の社員とでは天と地ほどの違いがあるのです。

しかし、幹部社員は結果を求められているからと言って、下にプレッシャーをかけて数字を上げるような仕事をすればよいわけではありません。経営者もしくはそれに準じる人物に求められているのは、もっと次元の高い話です。具体的には、「儲かる仕組み」を構築することです。

儲けが仕組みとして定着してしまえば、どのような社員が業務を担当しても、一定以上の成果をあげ続けることができます。特定のキーパーソンが辞めると業績が低迷してしまうようでは、その部署の仕事は仕組み化できているとは言えません。

中間管理職までは、下にプレッシャーをかけるような一種の力業で業績を上げることが許容されているはずです。精神論であっても、とりあえず業績を上げればよいわけです。しかし、幹部はそれではいけません。POINT 会社が儲かる体質になるよう具体的な方法を考え、組織を使ってそれを実践して初めて仕事をしたとみなされます。

これが、本来の意味における「経営者目線」と言ってよいでしょう。

中間管理職の段階では、こうしたスキルは求められていませんが、上級管理職に昇進してから経営者目線を身につけるというのでは遅過ぎます。

さらに上をめざすなら、中間管理職に昇進した時から本来の意味での経営者目線を意識しながら、日々の業務を進めていくことが重要です。

組織内のボトルネックを見つけ出そう

日々の業務の中でも、経営者目線を養うポイントはいくらでもあります。

最も効果的なのは、チーム内の業務フローにおけるボトルネックを探し出すことです。ボトルネックとは業務が最も滞る部分を指す言葉で、流れが悪くなる瓶の首の細い部分に由来しています。

組織の仕事がうまく流れていない時には、たいていこうしたボトルネックになる部分が存在しており、そこを集中的に対処すると一気に問題が解決します。ボトルネックを探し出す作業は経営コンサルタントが最も得意とする分野ですが、これをチームの中で実践してみるわけです。

課長にはチーム内の仕事の進め方を変える権限がありますから、ある作業がボトルネックになっていると感じた場合には、「担当者を変える」「人数を増強する」「作業の方法を改める」といった形で問題の解消を試みます。

こうした分析と業務改善を日々、継続的に行っていれば、1年もするとチーム全体のパフォーマンスは大きく改善しているはずです。

これは、チーム・メンバーにプレッシャーをかけ、無理矢理仕事をさせてパフォーマンスを上げるやり方とは180度異なります。指示された部下は、これまでとあまり意識を変えていないところが重要であり、これが仕組みを作るという意味でもあります。

この仕事を全社的に行うのが上級管理職や経営陣であり、チーム内の改善はその準備段階と考えればよいでしょう。

チーム内のボトルネックを解消ができたら、次はもっと大きな目線、つまり組織全体のボトルネックを発見し、解消するのです。

もしあなたが中間管理職以下の人物であれば、仮にそれを発見できたとしても、現実に改善することはできません。その仕事はあくまで上級管理職以上のものであり、中間管理職には求められていないからです。組織で働く以上、階層の権限はわきまえなければなりません。

しかし、ボトルネックを見つけ出し、具体的な改善策を考えるところまでなら、誰でも頭の中で実施することができます。そして、こうしたシミュレーションの積み重ねが実は非常に大きな意味を持ってくるのです。

組織全体のボトルネックを発見するにあたって注意しなければいけないのは、その抽象度の高さです。チーム内のボトルネックであれば、実際に仕事の様子を見て、どこで滞っているのか判断することができました。

しかし、組織全体となると現場の様子を同時に見ることはできません。そこでは、数字といった抽象的なツールを使って現場の様子を想像するしかないわけです。これは飛行機に例えれば計器飛行（目視ではなくメーターだけを見て飛ぶこと）となりますが、このセンスが非常に重要となってきます。

会社の決算書や社内の予算書などの文書から問題点を抽出し、仕組みとして対策を講じる。これが本当の経営者目線ということになるのです。

【第３章 まとめ】

CHECK
❶ ── 若手の段階では自意識を捨て去り、上司や会社が何を求めているのかをしっかり理解する。

CHECK
❷ ── 早く昇進するよりも、管理職としてしっかりと成果をあげることの方が、出世にはずっと有利。

CHECK
❸ ── 若手と管理職との最大の違いは、「自分の働き方」ではなく、「人の使い方」を評価されるという点。

CHECK
❹ ── 仕事ができない人をうまく指導するためには、つまずいた場所を特定し、理由を分かるように説明し、どうすれば克服できるのか具体的に示して、行動をサポートする。

CHECK
❺ ── 部長クラスに求めらるのは、人ではなく組織を俯瞰的に見てマネジメントする能力。

CHECK
❻ ── 上司は相談される前に部下の状況を察知し、アタリを付けておく。想像力が必要。

CHECK
❼ ── 上級管理職は会社が儲かる具体的な方法を考え、組織を使って実践して初めて仕事をしたとみなされる。

CHECK
❽ ── 組織のボトルネックを見つけ出し、改善策を考える。

第４章
戦略論を理解する

STEP 1

幹部社員になるための戦略思考

これまでの流れから、部長以上の役職に就く人は、どのような観点で仕事をする必要があるのか輪郭がつかめてきたと思います。

会社の経営者や上級管理職に求められているのは、組織としての目的を明確にし、それを達成するための具体的な仕組みを構築することです。この点において、中間管理職以下とは立場が決定的に異なっているのです。

経営戦略と経営目標は違う

経営学の世界では、目的を達成するための具体的な方策のことを「戦略」と呼びます。戦略が戦略であるためには、具体的な道筋が明確に示されている必要があります。「一丸となって進む」「全力で取り組む」といった精神論的な話は戦略とは呼びません。

また、数字も戦略には該当しません。

よく「売上高〇〇億円、経常利益〇〇億円」という数字を経営戦略として掲げる経営者がいますが、これは戦略という言葉の誤解です。こうした数字は、目的を達成するための到達点の目安であって、それ自体を戦略と見なすことはできないのです。

戦略は、戦術という言葉とも混同されがちです。

戦術は、戦略を実現するにあたり個別のプロジェクトをどう進めるのかについて示したものです。戦術の視点は戦略よりもはるかに範囲が狭く、より実務的になります。したがって戦術を積み上げたところで戦略にはなりませんし、戦略ミスを戦術でカバーすることも不可能です。

先ほど「経営者目線を勘違いしてはいけない」という話をしましたが、本当の意味での経営者目線というのは、戦術的ではなく戦略的に物事を考え、それを実施できるということを意味しています。

POINT
部長以上の役職者に昇格できるかどうかは、この戦略的思考回路の有無に大きく関係してきます。

部長から役員への昇格にあたり、数字の上ではあまり大きな実績をあげていない人が抜擢されるケースがあります。また、大きな実績をあげても、役員への昇格につながるケースとつながらないケースに分かれます。こうした現実を目の前にして、なぜ自分が昇進の対象とならないのか、思い悩む役職者も少なくありません。

それぞれの会社には特有の事情がありますから一概には言えませんが、こうした差をもたらしているのは戦略概念の有無であることが多いのです。

数字の上ではあまり実績をあげていなくても、役員に抜擢される人はたいていの場合、経営者層からその人物像を直接的に評価されています。

特別に大きな実績を残していないにもかかわらず、中堅商社において役員に抜擢されたH部長のケースはまさにこれに該当します。

経営者的な受け応えとは

H氏は、専務の強い引きで役員昇進を果たしました。専務が評価したのは部長としての実績よりもH氏の受け応えでした。

専務は、役員として見込みのある部長クラスの人物とよく会食し、その人物像について様々な面から評価していました。専務は「商品の在庫がこのところ増加しているがどう対処したらよいか？」「社員の報酬体系はどうしていくのがよいか？」といった質問をしました。

これに対して「過剰在庫はよくないのでできるだけ早く処分した方がよいと思います」と応えると、専務はすかさず「在庫の処分を急ぐと損失が出るがどうするんだ？」と切り返します。たいていの社員は、それ以上の答えを持っていません。損失が出るのはやむを得ないと思っており、本音では「対処しろ言われても…」と考えているわけです。しかし、H氏の対応は違っていました。

鉱工業生産などのデータから来年の景気見通しを述べ、来年も売上が横ばいになる可能性が高いので、今在庫を処分する方がメリットが大きいと説明したのです。現時点においては、利益よりもキャッシュを優先した方がよいとも付け加えました。

H氏はすでに経営者としての視点を持っており、物事を戦略的に考えていたのです。

経営者は同じ損失を出すにしても、今出すべきなのか、もう少し待つべきなのか、他を犠牲にしても損失は回避すべきなのか、多くの選択肢の中から意思決定をしなければなりません。その時、目先の利益だけにとらわれてしまうと、場当たり的で整合性のない答えを出してしまうことになります。

損失を出すという意味では同じであっても、そこには明確なシナリオが必要なのです。重要なのは論理的なシナリオを作ることであり、そのシナリオが当たることではありません。シナリオ通りに物事が進むのは理想的ですが、経営者は予言者ではありません。常に予想が当たるなどということはあり得ないわけです。

POINT
重要なのは当たるか当たらないかではなく、もし間違っていた場合には、どこで間違っていたのかを明確に理解できることです。これは、戦略的な思考を持っていないとなかなか実現できません。

H氏が統括する部門は特別大きな実績をあげたわけではありませんでしたが、一連のやり取りから、すでに戦略的な思考回路を身につけていることは明らかでした。専務は、こうしたH氏の戦略性を評価して役員に抜擢したわけです。

大きな実績をあげても、それが昇進につながらないケースは、たいてい同じような理由と考えればよいでしょう。得られた実績が戦略的で論理的なものであればいいのですが、そうでない場合には、うまく回らなくなった時に対処ができなくなってしまいます。

仮にその実績が偶然であっても、どこに偶然性があって成果に結びついたのかを明示できることは非常に重要です。同じ実績と言っても、より上の昇進にはこうしたプロセスの部分がチェックされている可能性が高いのです。

STEP 2
コスト優位戦略

戦略的な考え方にはいくつかの種類がありますが、この中で最も重要なのは、どのようにして儲けるのかという部分でしょう。

市場にはたいていライバルが存在しますから、これはつまり競合他社との競争にどう打ち勝つのかという話と同じです。企業経営というのは、競争に勝つための仕組みを構築することです。

戦略の3つの方向性

そうなってくると、企業の経営者や部長以上の管理職に求められる仕事も自動的に決まってきます。彼らの仕事は、自社の製品やサービスを客観視し、他社に負けない競争力をつけるための戦略を練り上げることです。

こうした競争戦略には、「コスト優位」「差別化」「集中化」などいくつかのやり方がありますが、中でも最もポピュラーなのはやはり「コスト優位」でしょう。

価格面で優位に立つというのは、ビジネスにおける基本中の基本です。

企業が提供する商品やサービスの中には、顧客が値段を考えずに購入してくれるものもありますが、たいていの場合、販売数量は値段の設定と大きく関係してきます。とりあえず価格を安くすれば一定以上のシェアを確保できるというのは常識ですが、一方でコスト競争に陥らないように価格はあまり動かさず、他社との差別化を徹底するという考え方もあります。

コスト優位や差別化などのキーワードは多くの人があまり意識せずに使っていますが、幹部社員をめざす人はそれではダメです。それぞれがどんな戦略なのか、しっかり理解した上で、現実の組織運営に応用しなければなりません。

簡単に言ってしまえば、POINT コスト優位は大量生産・大量販売によるコスト・メリットを生かし、競合他社より安い価格で製品を提供するやり方です。

同じ品質やスペックの製品・サービスなら、コストを安くした分だけシェアは拡大するはずです。とにかく割安なコストで競合他社を圧倒して優位に立つというのは、戦略としてはオーソドックスなものと言ってよいでしょう。

値引きも、コスト優位性に着目した有力な手段の1つということになります。しかし、販売目標が達成できないからと言って受け身で値引きをするのと、コスト優位性に着目して戦略的に値引きをすることは根本的に異なります。

値引きが効果を発揮するためには、価格と販売数量に明確な負の相関関係が成立していることが重要となります。製品やサービスは価格を引き下げると、その分販売数量が大きく伸びるものと、そうでないものとに分かれます。

この違いは、価格帯が高いのか安いのかだけで決まるわけではありません。一般に、付加価値の低い商品は価格設定によって販売数量が大きく変わります。あえて安い価格を提示する方法は有効と言ってよいでしょう。

しかし、同じ低価格な商品でも、最もボトムに近いところでは逆に価格との相関性が低くなってしまいます。1個50円の商品が45円になっても、それほど大きなインパクトはないはずです。

逆に、高価格帯の商品は思い切って値下げすると大幅に販売数量が伸びる可能性がありますし、さらに高い価格帯の場合には買う人が少ないですから、値引きをしても効果が見られないケースも出てきます。

価格を戦略の基礎に据える場合には、価格と販売数量の相関性がどの程度なのかを把握し、製品ポートフォリオ全体としてどのような影響が生じるのかについて考える必要があります。製品構成全体として、価格との相関性が低い状況でコスト優位性を追求してしまうと、ただ利益を減らしてしまうだけという結果に終わりかねません。

部長クラスは企業戦略の要となる

こうした部分で、最も力を発揮できるのは部長クラスの役職者です。

経営層などさらに上のクラスになると、個別の商品の情報をすべて把握することは現実的に不可能です。経営層がどのような戦略を採用したいのかという意向を受け、実際の商品ポートフォリオにおいて、どの程度の影響が生じるのか分析し、戦略の実現性に向けて具体的な提案を行うのが部長クラスの仕事と考えればよいでしょう。

もっとも、同じ部長クラスでもいろいろなタイプがいます。中には、数字を上げることばかりに追われ、販売目標の達成が厳しくなってくると、なし崩し的に値引きを部下に指示する人もいます。しかし、このようなやり方は中間管理職の延長に過ぎませんから、経営層から高い評価を受けることは難しいでしょう。

ちなみに、経営戦略におけるコスト優位性は十分なリソースを持った企業が実践すべきもので、言ってみれば強者の戦略です。十分な企業体力がないまま、価格勝負の消耗戦に突入すれば結果は目に見えています。

経営体力がどこまで持ち堪えられるかについては、その企業の財務状況を知らなければ判断することができません。本来なら、この部分は経営者がしっかりハンドリングしなければならないところですが、すべての経営者が優秀であるとは限りません。コスト優位の追求とシェア拡大を指示した際、各部署はそのミッションだけに邁進してしまい、一気に財務状況が苦しくなるといったケースは十分に考えられます。この時、大きな被害にならずに済むかどうかは、各部門の責任者のサジ加減が大きく影響してくることになります。

部長クラスは会社全体の財務状況に責任を負っているわけではありませんが、現実には財務の知識がないと、具体策の立案や遂行に障害が出てくることになります。基礎的な数字が頭に入っているかどうかは、大きな違いなのです。

STEP 3

差別化戦略

コストで勝負することは避け、製品やサービスを差別化することで競争力を確保するやり方もあります。差別化とは、その名の通り付加価値を提供することで他社との違いをはっきりさせる戦略です。

弱者でも採用できる差別化戦略

差別化の方法は会社によって様々です。

POINT

最もポピュラーなのは製品やサービスそのものに特徴を持たせ、他にはないものとして売り出すことです。製品やサービスに大きな違いはなくても、他とは異なるイメージを打ち出したり、配送などサポート面で差別化するというやり方もあります。

同じハンバーガーという商品を扱っていても、マクドナルドとモスバーガーでは企業規模があまりに違い過ぎます。似たような商品を揃えてコスト優位戦略を採用した場合、企業体力で勝るマクドナルドに軍配が上がることは目に見えています。

そこで、モスバーガーは高価格帯の特徴的な商品をラインナップに揃え、徹底的にマクドナルドとの差別化を図りました。今では、同じハンバーガー業界とは思えないほど来店する客層が異なっており、事実上両者は競合ではなくなっています。

差別化を行うためには、品質向上や、プラスアルファの機能を持たせるなどの追加コストが必要となります。したがって、POINT **差別化戦略を実施する場合には数量を追わず、利益率を優先することが一般的です。**圧倒的なシェアを獲得できなくても、高い利益率を維持できればよいという割り切った考え方です。

こうした差別化戦略はコスト優位戦略とは異なり、圧倒的な経営体力を持っていない企業でも実施することができます。コスト優位は強者の戦略だと説明しましたが、差別化を選択する場合、必ずしも強者である必要はありません。

ですから、ベンチャー企業は差別化戦略を積極的に採用することが多いのですが、経営体力の面を考えると当然の手法でしょう。逆に言うと、十分な利益を見込めない中で差別化戦略を行っても、コストが増加し、利益が減るだけになってしまいます。

また、差別化にはいろいろと問題もあります。1つは差別化のポイントを顧客に認知させるのは簡単ではないという点。もう1つは差別化戦略は容易に模倣されやすいという点です。

先ほどのハンバーガーを例に取れば、最近はシェイクシャックなど米国初の高品質バーガーが話題となっています。シェイクシャックは、本格的な味つけから米国で人気が急上昇し、全世界に約100店舗を展開するまでに成長しました。

日本では、かつてスターバックス・コーヒーの国内展開を行っていたサザビーリーグが米国本社と独占契約を締結。明治神宮外苑や恵比寿などに出店しています。同社は、今のところ高品質という点で差別化することに成功しています。

ただ、品質を上げると利益率が下がってしまいますから、何か別の部分でコストを補わないと全体の利益を維持できません。しかし、あまりにも価格を上げ過ぎてしまうと、ハンバーガーという商品の性質上、顧客が来なくなってしまいます。シェイクシャックは、アルコールやスイーツ類を充実させることで客単価の向上を図っていますが、この絶妙なバランスを維持することは簡単ではないのです。

また、自分では差別化要因だと思っていても、顧客がそう認識しなければこの戦略は成立しません。例えばアマゾンのプライム会員向け短時間配送サービスは、間違いなく他社との差別化要因になっていると見てよいでしょう。

しかし、すべての通販ビジネスで短時間配送が意味を持つとは限りません。顧客が望んでいないサービスを提供しても、差別化戦略にはならないのです。サービスのシェアや商品の中身、顧客のニーズによって差別化戦略のあり方は変わってきます。

相手からの模倣に注意

差別化要因の中には、簡単に真似できるものも少なくありません。もし、競合他社がその差別化要因に効果があると認識した場合には、確実にそのやり方を模倣してくるはずです。その結果、期せずして差別化ではなく、コスト優位の競争にシフトしてしまう可能性もあります。

コスト優位を避けようとして差別化を選択したにもかかわらず、最初の領域に戻されてしまうリスクがあるわけです。弱者の戦略として差別化を採用した企業にとって、こうした事態は何としても回避しなければなりません。

通販の世界では、今ではどこの会社も「使用後でも返品ＯＫ」というサービスを提供しています。このサービスが始まった当初は、返品ＯＫは差別化要因として認識されたことでしょう。

しかし、これは利益を犠牲にすればどの企業でも実現できるもので、優位性を半永久的に保持できません。最終的には企業体力の勝る企業が圧倒的に有利になり、事実上、コスト優位戦略に変化してしまいます。もし自分がマネジメントしている部門において、差別化を図る必要に迫られた時には、こうした特徴をよく理解した上で戦略を立てる必要があります。

具体的にどう差別化するかについては、課長以下、各チームに任せておけば多くのアイデアが出てくるでしょう。しかし、戦略の特徴を理解し、最終的にどのような形に落とし込むのかは、部長クラスの腕の見せ所となります。

こうした基本的な認識が欠如したまま、各課からアイデアを募っているだけでは、輪郭が曖昧になることは必至です。戦略的な考え方を持った上でアイデアを募り、経営層の戦略的なニーズに応える形で具体的な方策に落とし込めるのかを、管理職として試されるのです。

STEP 4

集中化戦略

コスト優位戦略、差別化戦略も難しい場合には、別のアプローチが必要となります。それが「集中化戦略」です。

これはある特定分野にフォーカスし、他の分野はあえて放棄するという少々リスキーなやり方です。集中化は成功すると大きな成果を得られますが、失敗した時の損失も大きくなりますから、実施には慎重さが求められます。

あえて軽自動車に特化したスズキ

軽自動車の分野に集中し、普通自動車の市場をあえて捨ててきた「スズキ」（一部、普通自動車のラインナップはありますが）、高級店や高級ホテルに特化したネット上の予約サイト「一休」などは、集中化戦略を採用している典型的なケースです。

軽自動車は普通自動車より儲かりませんから、トヨタや日産といった大手はあまり積極的ではありませんでした。スズキはこうした市場に特化し、その中で高いシェアを獲得することで利益を得てきたわけです。

最近ではＩＴ企業のマイクロソフトが従来の方針を変更し、集中化戦略に転換しています。もともと、マイクロソフトはパッケージソフトの開発・販売が主力のソフトウェア・メーカーでした。その後、グーグルやアップルといったライバル企業がスマホに注力したことから、両社に対抗するためにフィンランドのノキアを買収します。

しかし、ノキアのスマホ事業はうまくいかず、２０１５年には76億ドルの減損処理を行って、事実上スマホ事業からは撤退してしまいました。同社はアップルとグーグルと争うことをやめ、本来の姿であるビジネスパーソン向け事業に回帰することを決定。ビジネス向けソフトのクラウド転換を急ピッチで進めています。

同社はビジネス向け利用者をさらに囲い込むため、２０１６年6月、ビジネス向け交流サイト大手の米リンクトインを買収しました。リンクトインはビジネスパーソンに特化したＳＮＳで、マイクロソフトの利用者と属性が重なりますから、集中化戦略をさらに強化したと考えてよいでしょう。

クラウド経由で業務ソフトを提供する「オフィス365」の利用者数は全世界で200万人を超えました。このペースでクラウド化が進めば、数年以内に同社の収益構造は大きく入れ替わる可能性が高いでしょう。

実は集中化には2つの方向性があり、それらは先に解説したコスト優位と差別化という2つの競争戦略と大きく関係しています。

POINT

つまり、同じ集中化でも、経営の効率化に力点を置いた「コスト集中」と、製品やサービスの差別化に力点を置いた「差別化集中」の2つに分けて考えることができるのです。先ほどのマイクロソフトの例は、典型的な差別化集中の形になります。

集中化を実現するための条件

いずれにせよ、特定分野に集中するという戦略を成立させるためには、ある条件をクリアしていなければなりません。

それは、特定分野において一定の顧客が存在していること、その顧客に対して適切に製品やサービスを提供できる能力をその企業が持っていることです。

先ほどの一休の例で考えると、高級店のマーケットはネットが普及する前から確実に存在することが分かっていますから、この条件は簡単にクリアすることができます。もう1つの特徴は、一休が先行者であったことからもたらされたものになります。

一休が本格的に始動するまでは、高級店に特化した予約サイトは存在していませんでした。このため、同社には高級店向けサイトを運営するノウハウが蓄積されており、これから新規参入する企業にとってはかなりハードルが高いサービスとなっています。

マイクロソフトも同様で、競合他社が業務用ソフト「Office」に代わる製品を提供することや、リンクトインを超えるビジネス向けSNSを今から構築することはほぼ不可能と言ってよいでしょう。その結果、同社が集中化戦略を維持できる見通しが立っていることになります。

選択と集中というキーワードは、かつて日本の経済界でも大流行となり、多くの企業が事業の集中化を実施しました。

しかし、集中化を実現するためには、先ほど挙げたような条件をクリアしている必要がある上、当該事業から得られる期待収益をかなり高めに設定する必要が出てきます。事業を集中してしまうとリスクが大きくなり、うまくいかなった時の損失が大きくなってしまうからです。

こうした条件をクリアしないまま、中途半端に集中化を進めてしまうと、業績の悪化など思わぬ結果に陥る可能性があります。この話は各事業部レベルでも同じであり、事業ラインナップの見直しや整理統合を実施する際には、こうした総合的な判断力が必要となってきます。総合的な判断力を養うためには、中間管理職の時から「何を選択して、何を捨てるのか」という経験を積み重ねておくことが大事でしょう。

ちなみに、POINT 集中化戦略はうまく進んでいる時は大きな利益をもたらしてくれますが、市場環境の変化に対しては脆弱です。軽自動車の市場は、まさにそのような状況になりつつあります。

これまでスズキは競合が少なく、有利な条件で事業を展開できていました。しかし、国内の自動車販売の低迷は市場構造を大きく変えつつあります。大手も余裕のあることばかり言っていられなくなり、軽自動車の市場を重視し始めたからです。

トヨタが本気で軽自動車の市場開拓に乗り出した場合、スズキは一気に不利になってしまいます。こうしたリスクがあることをスズキはよく知っていますから、トヨタとの提携に踏み出したわけです。

STEP 5
戦略的な人脈構築術

人脈は出世する上で常に重要なファクターであると多くの人が考えていますが、実はそうでもありません。中間管理職以下の役職では、ほとんど考慮されないのが現実です。極論を言うと、課長レベルまでの昇進でよいと考えている人にとって、人脈を拡大する必要性はそれほど高くないのです。

しかし、部長以上より上に行くということになると話は変わってきます。あらゆる局面で人脈が重要な役割を果たすからです。部長以上の出世を考えている人は、人脈についても戦略的に考える必要が出てきます。

出世には誰かの強い引きが必要

会社の中で派閥ができることは、あまりよいことではありませんが、部長以上の役職者となってくると、一種の派閥抗争のような対立も見られるようになってきます。そうなると、出世も特定の誰かに強く引き上げられるという形にならざるを得ないのが現実です。

コンビニ大手のローソンは2016年6月、これまで社長を務めていた玉塚元一《たまつかげんいち》氏が会長に昇格し、竹増貞信《たけますさだのぶ》副社長が社長に就任する人事を発表しました。

竹増氏は2014にローソンに来たばかりで、それまではローソンの大株主である三菱商事に所属していました。この人事は、三菱商事がローソンへの関与を強めたいという意向を強く反映したものでした。

新しくローソン社長になった竹増氏は大阪大学経済学部を卒業後、1993年に三菱商事に入社。主に畜産部門でキャリアを積みました。米国の畜産関係企業への出向を経て2002年に広報部に移り、その後は総務部門を中心に出世していきます。

竹増氏の畜産部門時代の上司は三菱商事現社長の垣内威彦《かきうちたけひこ》氏ですし、総務部時代には、現会長の小林健氏に秘書として仕えていました。竹増氏のローソンへの転籍や社長への昇格は、三菱商事の会長、社長の強い押しがあったことは間違いありません。

こうした人との関係は運にも左右されるのですが、自身の力量で縁を引き寄せることも可能です。

竹増氏のケースでは若い時に仕えた垣内氏にはたくさんの部下がいて、その中の1人に過ぎなかったはずです。実際、垣内氏が竹増氏をどう評価していたのかは知る由もありませんが、しばらく期間を置いて、抜擢候補に名前が出た時にどれだけ印象に残っているのかは人選に大きく左右するはずです。

直接仕事をやり取りしていなくても、ちょっとした言動が印象に残っている人には、こうした局面で極めて有利に作用することになります。

したがって、POINT 常に周囲に対して好印象を持たせておくことは重要ですし、小さな努力の積み重ねが、人の縁を引き寄せる原動力となります。決して運だけではありません。こうしたところにも戦略性が必要となってくるのです。

また部長以上の役職者になってくると、社内の人脈と社外の人脈のバランスも重要になってきます。若い時は、社外の人脈というものはほとんど出世に影響しません。自身も含めて若い世代の人間は会社の中で大きな影響力を持っていませんし、社外に同世代の人脈を持っていても、その効果はたかが知れているからです。しかし、上級役職者になると、社外との関係も社内と同じくらい重要になり、最終的には自身の出世にも極めて重要な役割を果たすことになります。

先ほど例として取り上げたローソンでは、玉塚氏が社長になる前は、やはり三菱商事出身の新浪剛史《にいなみたけし》氏が社長を務めていました。新浪氏はサントリーの佐治信忠《さじのぶただ》会長からスカウトされ、現在はサントリーの社長に就任していますが、創業家との関係を深めたのはローソンの業務を通じてのことと言われています。

酒類・飲料メーカーであるサントリーは、ローソンの主要取引先の1つであり、両社の関係は密接です。業務を通じて、新浪氏の能力に惚れ込んだ佐治氏が引き抜いた可能性は高いでしょう。

キーパーソンと知り合いになることの意味

ちなみに、新浪氏の後継社長となった玉塚氏は、新浪氏の後押しで社長就任が決まりました。玉塚氏は上からの強い引きを得ることに非常に長けており、彼のキャリアにはこうした能力がいかんなく発揮されています。

玉塚氏はもともと旭硝子の出身ですが、その後ＩＢＭに移りコンサルタントの仕事をしていました。コンサルタントとして提案に行った先が、ユニクロを展開するファーストリテイリングでした。

この時、玉塚氏を引き入れるようオーナーの柳井正氏《やないただし》を説得したのが、現ファミリーマート社長で、当時ユニクロの幹部候補生だった澤田貴司氏でした。

澤田氏の強い押しで玉塚氏はユニクロに入社。やがて柳井氏から指名されて社長に就任しますが、経営方針を巡って対立し、事実上ユニクロを解任されてしまいます。その後、玉塚氏は一足先にユニクロを退社していた澤田氏と合流し、流通・小売などの経営支援を行うコンサルタントとして活躍しました。一連の仕事の中でローソンの新浪氏と出会うことで、玉塚氏は再び実業家としてのキャリアを手にすることに成功したわけです。

玉塚氏も当初は、一流企業に勤めるごく普通のサラリーマンでしたが、ユニクロに幹部社員として入社してから、ビジネスパーソンとしての本格的なキャリアが開花しています。こうした人脈で大事なことは、キーパーソンをしっかり押さえるということです。

キーパーソンではない人をたくさん知っていたところで、自身のキャリアにはほとんど影響しません。

POINT

１００人の無名の知人を持つより、１人のキーパーソンと知り合いでいることの方が１００倍の効果があります。

人脈というものを戦略的に捉える場合、こうした視点を持つことが重要です。管理職に昇進する頃から、徐々に意識していくとよいでしょう。

STEP 6
戦略的交渉術

交渉をうまく進めることは成果をあげるための必須要件です。若いうちの交渉は基本的に外部とのやり取りということになりますが、役職が上がってくると、これに社内の交渉事が加わってきます。

部長以上に出世するためには、社外の交渉はもちろんですが、社内の交渉もうまく進めていかなければなりません。

交渉とは相手をやり込めることではない

交渉について苦手意識を持っている人は意外と多いのですが、その原因は交渉そのものに対する誤解にあります。よくある誤解の1つが、「ああ言えば、こう言う」というやり取りと、交渉を混同していることです。

確かに「ああ言えば、こう言う」というやり取りによって、得をするケースは存在するかもしれません。しかし、これは交渉テクニックのごく一部に過ぎず、交渉の本質ではないのです。

では、交渉の本質とはどのようなものでしょうか。

それは相手の状況を知り、相手のニーズを探り出すことにすべてが集約されています。POINT 交渉とは、自分が欲しいものと相手が欲しいものを的確に理解し、どれを捨ててどれを取るかを選択するゲームです。相手に吹っかけたり、やたら強気に出たり、泣き落としたりという行為は、自分が欲しいものを獲得するための戦術的なテクニックであって、交渉の本質ではありません。

実は交渉事の8割は、双方の力関係によって最初から結果が決まっています。例えば商品を売り込みに行った際、相手の会社が多数の競合から選び放題という状況では、こちらにできることは限られてしまいます。その中で、可能な限りよい条件を引き出すのが本当の交渉術です。

このケースであれば、かなり不利な状況になっている事実をしっかり認識するところからすでに交渉は始まっています。吹っかけや泣き落としなどの現場のテクニックは、あらかじめ決まっている勝負の中で、どこまで自分に有利にもっていくかという些末な問題に過ぎません。

交渉を進めるのが下手な人のほとんどが、最初からほぼ決まっている勝敗について認識していません。そもそも勝てない勝負を挑んでいたり、ムダな戦い方をしていたり、最悪の場合には相手の作戦に翻弄されることになってしまいます。そうなると、交渉の上手い下手という概念も少し考え直す必要がありそうです。

世の中には、生まれつき交渉が上手い人とそうでない人がいますが、交渉力は生まれ持った才能に依存すると考えている人が多いのです。しかし、先ほど説明したように、交渉力の基礎というものが情報収集力や現状認識能力に大きく依存しているのだとすると、その考え方についても見直しが必要でしょう。

つまり、交渉力は後からトレーニングでいくらでも上達することができるのです。

交渉の基本はニーズを探ること

自分の要求と相手の要求がある程度明確に整理できれば、交渉はそれほど難しいことではありません。交渉が上手な人は、ほぼ例外なく事前にしっかりと情報収集を行い、交渉の流れをシミュレーションしています。

自分の要求に対して相手がAと返してきたら、自分はDと返事する。相手がBと返してきたら、諦めてそれを受け入れる。相手がCと返してきたら、その場で交渉を打ち切り、後日再交渉する。A、B、Cのどれにも該当しない場合には、返事をせずに持ち帰る。このように、あらかじめ自身の行動を決めているのです。

それができるのも、相手が何を望んでいるのか、そして自分が何を望んでいるのか、明確に理解できているからです。

交渉で負けてしまう人は、この作業を怠っていることがほとんどです。結局のところ、コツコツと情報収集をしているかどうかがカギを握るわけです。

こうした特徴は社内の交渉においても基本的に同じです。

課長までの役職であれば、予算は自動的に上から割り振られますから、その範囲で業務を遂行することになります。しかし、部長以上になると予算配分そのものに関与し、予算を取ってくるという考え方が必要となります。お金を巡って社内で交渉するケースが多くなってくるわけです。

この際、課長レベルの感覚のままで役員に対して「予算が足りない」といった陳情ばかりしているようでは、当然昇進の候補にはなりません。

社内の各部署と交渉し、予算を確保する。あるいは、自分の部門で得られたキャッシュ・フローを他部門に提供することで貸しを作るといった社内交渉を行い、全社的なリソース配分に貢献している姿勢を見せなければなりません。

こうした社内交渉は、社外交渉にも増してハッタリといった手法を使うことができません。できるだけ多くの情報を持ち、どこまでなら相手が許容できるか、どの程度のメリットを提供すれば相手が動くのかしっかり見極める必要があります。役員などへの昇進にあたっては、こうした社内交渉プロセスの巧拙も評価対象に入っていると考えた方がよいでしょう。

このように考えると、交渉は通常の営業活動と大きな違いはないことが分かると思います。交渉が下手な人は、それだけが下手なわけではありません。営業など他の活動でも、あまりよい成果をあげられていない可能性が高いのです。自分は交渉が不得意だという認識を持っている人は、他の活動はどうなのか振り返ってみる必要があるでしょう。

相手のニーズを探り、相手のメリット・デメリットをしっかりと峻別できる力を身につければ、営業も交渉も、そして社内でのコミュニケーションにおいても、よい成績を残せるはずです。

【第４章 まとめ】

CHECK
❶ ── 部長以上に昇格できる人は、論理的なシナリオを作る戦略的思考回路を持っている。

CHECK
❷ ── コスト優位戦略は大量生産・大量販売によるコスト・メリットを生かし、競合他社より安く製品を提供すること。

CHECK
❸ ── 差別化戦略は製品やサービスそのものに特徴を持たせ、他にはないものとして売り出すこと。数量を追わず、利益率を優先することが一般的。

CHECK
❹ ── 集中化戦略は、経営の効率化に力点を置いたコスト集中と、製品やサービスの差別化に力点を置いた差別化集中の２つに分けられる。うまく進んでいる時は大きな利益をもたらすが、市場環境の変化に対しては脆弱。

CHECK
❺ ── 出世のためには常に周囲に対して好印象を持たせておくことは重要。小さな努力の積み重ねが、人の縁を引き寄せる原動力となる。

CHECK
❻ ── 100人の無名の知人を持つより、１人のキーパーソンと知り合いでいることの方が100倍の効果がある。

CHECK
❼ ── 交渉とは、自分が欲しいものと相手が欲しいものを的確に理解し、どれを捨てどれを取るかを選択するゲーム。

第５章
組織の動かし方

STEP 1

「組織」というものを知る

第1章でも触れましたが、POINT 組織の中で上に行ける人は自分が属する組織に詳しい、という共通項があります。

当たり前と言えば当たり前ですが、これは非常に大事なテーマと言ってよいものです。多くの人は、自分が勤めている会社の組織がなぜそのような形になっているのか、あまり意識していません。これでは組織の論理を理解したり、その中でうまく振る舞うことは難しいはずです。

組織は基本的にビジネスに合わせて変化する

課長までの昇進であれば、大きな問題は発生しません。組織の論理よりも、自分が与えられたミッションをこなすことの方がずっと大事だからです。しかし、それ以上の昇進ということになると、組織の力学が出世に直接関係してくるようになります。
程度の差こそあれ、組織というものはその企業が行っているビジネスに最適なように変化していきます。組織再編がほとんど行われていない企業は、ビジネスモデルが何十年も変化してない可能性が高いと考えてよいでしょう。

一方、変化の激しい業界の場合、当然のことながら組織再編も激しくなります。こうした企業では、組織が変わるたびに出世のルールも変わっていくことが多いので注意が必要です。意外なことに、ビジネスの内容が変わって組織形態が変化した場合でも、その会社の基本形は変わらないケースもあります。冷静に眺めてみると、出世の力学は何も変わっていないことも十分あり得るのです。

組織というものを考える際には、変わった部分を見ることも重要ですが、変わらなかった部分を見ることも大事です。

組織論的な話をすると、組織形態は大雑把には2つのタイプに分類することができます。1つは職能別の組織、もう1つは事業部制の組織です。

職能別とは、同じ専門知識やノウハウを持った人ごとに組織を分化した形態を指します。経理、営業、総務、開発など専門分野ごとに部署を設置し、それぞれが専門業務を行うというやり方は、広く一般に普及しています。

しかし、会社が巨大化してくると、これではうまく機能しない部分が出てきます。こうした状況に対応するために考え出されたのが、事業部制です。

事業部制は、事業分野ごとに会社の中に小さな会社を作るような組織形態を指します。ある事業部門の中に、それぞれ営業、開発、人事といった部署が置かれ、あたかも1つの会社のように機能します。各部門の仕事は事業部内で完結しますから、その中では迅速に意思決定ができます。

誰が組織を決めているのか？

当然、事業部制にも欠点があります。最大の問題は人員に重複が生じることです。事業部制が徹底されると、事業部ごとに人を採用するようになります。そうなると、同じような人材を各部門が採用してしまい、全社的に見ると過剰な人材を抱えてしまうことになりかねません。

また、事業部は1つの会社のように振る舞いますから、やがて自分たちの利益しか考えなくなります。小さい企業でも部門ごとの独立性が強ければ、それは事業部制的な組織とみなすことができます。多くの会社は、職能別と事業部制の間で最適な組織の形を模索していると考えてよいでしょう。

会社の組織を変えるのは、たいていの場合は社長や専務などトップクラスのマネジメントです。規模の大きい企業であれば、社長などに代わって経営企画室などトップのスタッフ部門が実際の作業をしているかもしれません。しかし、組織を変えようという強い意志を発するのは、やはりトップ自身ということになります。

逆に言えば、POINT 組織が変わる時というのは、トップが状況を大きく変えたいと思っている時です。こうした状況は、組織の仕組みを知るチャンスと言ってよいでしょう。これまで職能別組織だったところが、事業部制的な組織に変更された場合には、トップが「組織が機能不全を起こしている」と考えている可能性が高いと解釈できます。こうした時には、機能不全を打開できるようなタイプの人が高く評価される傾向が強まるでしょう。

逆に事業部制を廃止してフラットな職能別にシフトするようなケースでは、トップは権限の強化を狙っており、強いトップを補佐する部下を望んでいるはずです。

POINT

組織が変わる時は昇進の基準が変わるタイミングでもありますから、これまでの秩序に変動が生じます。これはピンチでもありますが、チャンスにもなるのです。

STEP 2

人ではなく組織を動かす

役職がある程度上がってくると、仕事の進め方に対する価値観も変えていく必要があります。最も大きな変化は、人から組織へのパラダイム・シフトということになるでしょう。

組織を動かすことの意味

若手の時には、基本的に自分のことだけを考えていれば問題ありませんでした。組織で仕事をする以上、人とのコミュニケーションは必須となりますし、上司が何を求めているのか常に先回りして行動しなければ高い評価を得ることは困難です。

しかし、こうした関係はあくまで一対一のものであり、仕事の成果についても、自分に課された範囲の中で最大限に発揮するというところに限定されていました。つまり、個人プレーが許されていたわけです。

ところが管理職になると、状況は大きく変わります。自分の成果に加えて、部下を動かして成果に結びつけるという発想が求められます。管理職に昇進して最初に直面する価値観の転換は、自分から他人への変化ということになるでしょう。

しかし、管理職が直面するカベとしては、これはまだまだ序の口です。上級管理職から役員へとポストが上がるにつれて、さらに別の視点が必要となってくるのです。それは、人を動かすのではなく、組織を動かすという概念です。これをうまく理解することができず、上級管理職以上への昇進に失敗するビジネスパーソンは少なくありません。

人を動かすことと、組織を動かすことは似ていますが、両者は本質的に異なるものです。組織をうまく動かすためには、そこで働いている人の顔はきれいさっぱり忘れる必要があります。クールな立場で、ゲームのコマのように組織を使う感覚が求められるのです。

チームを動かすだけの立場であれば、あくまで思考の中心は「人」で問題ありません。チームを構成するメンバーの個性を理解し、それぞれに合わせたコミュニケーションを行うことで、人を動かすことが可能となります。つまり、各人のモチベーションの源泉が何なのかを理解し、それに合わせて仕事を割り振っていけばよいわけです。

ところが、組織を動かすということになると、そうはいきません。

組織を動かすためには、構成メンバーの顔はいったん忘れ、無機質な対象として合理的に判断し、指示する必要が出てきます。メンバーの利害・モチベーションではなく、組織の利害・モチベーションを中心に組織を動かしていくのです。

組織を動かす時には「顔」を見る必要はない

このように書くと、人によってモチベーションは異なるので、組織を合理性だけで判断してもよいのかという疑問が浮かぶかもしれません。しかし、こうした問題は現実のマネジメントにおいて、あまり気にする必要はありません。

個人よりも小さなグループ、小さなグループより大きなグループと、規模が大きくなるにしたがって、個性が発揮される割合は少なくなってくるからです。

組織とは不思議なもので、管理する単位が小さいほど、チームを構成するメンバーの感情に大きく左右されます。しかし、POINT **組織が大きくなってくると、こうした個人の感情は組織の行動にあまり反映されなくなってきます。**

おそらく規模が大きくなるにつれて、組織内で声の大きい人の論理が通りにくくなることが原因と考えられます。小さな組織の場合、声の大きい人の意見が通りやすいという明確な特徴が見られます。声が小さい人は現状に大きな不満を持っていないということですから、発言は抑制的になります。不満が大きい人が大きな声で発言すると、全体の雰囲気もそちらにシフトしていくのです。

しかし、組織が大きくなってくると、こうした声は全体に届きにくくなり、その結果、組織全体の損得の方が優先されるようになってくるわけです。一般的な会社にあてはめれば、課のレベルまでは構成員の感情に大きく左右されますが、部単位では状況が大きく変わります。各課の課長やチーム・メンバーがどんな人で、どんな状況なのかということよりも、組織全体としての利害で、その組織は動いていくことになるのです。

これは個別企業の経営分析とマクロ経済の分析の違いにも似ています。

個別企業の分析は、各企業の「顔」が見える状態で行うことが普通です。それがマクロ経済になってくると、個別企業の「顔」を見ることはできません。しかし、個別の要素を考慮に入れなくても、結果は大きく間違うことはありません。

組織を動かすという視点をできるだけ早く持つことが、部長以上の出世では重要な役割を果たすのです。

STEP 3

組織のスイッチを知る

組織というのは、無闇やたらに働きかけても動いてくれるわけではありません。構成しているのは人ですから、彼らを口説き落とせば組織が動くのかというと、そういうものでもないのです。

組織には、人とは別の独特のメカニズムがあり、これをうまく使いこなさないと動きません。

組織の琴線に触れよう

POINT

組織には、組織が動くためのスイッチがあります。それを適切に押さなければ、組織を動かすことはできません。スイッチとは、その組織が持っている琴線を指すのです。

その部分に触れると、組織全体の利害から急に動き出すことになります。組織をうまくコントロールするためには、こうしたスイッチがどこにあるのか、しっかりと把握することが重要です。

ある大手企業の課長は、情報システムの更新で困り果てていました。

その企業では、これまで各部署の要望に基づいてシステム部がシステムを構築していました。しかし、いくつかのプロジェクトが重なっていたせいもあり、システム部の動きが鈍く、更新がなかなか進まない状況になっていたのです。課長は、システム部に対して、何度か新システムに関する打ち合わせを依頼したのですが、よい返事は返ってきませんでした。

ここで、声高にシステム部とかけ合ってもあまり効果はありません。場合によってはうるさい人と思われ、さらに相手が非協力的となることもあるからです。

そこで、課長は少し変わったやり方を選択しました。

ちょうど同じタイミングで、あるシステム会社がクラウド型サービスの導入を提案したいと持ちかけてきていました。クラウド型のサービスであれば、課が予算を取って決断すれば、システム部を介さずに導入することができます。その会社はこうしたニーズを狙って、システム部ではなく各課に直接営業に来ていたわけです。

課長はシステム部にも声をかけ、一緒に提案の説明を聞かないかと相談したところ、効果は絶大でした。

クラウド型のシステムが本格的に導入されてしまうと、システム部の仕事の多くがなくなってしまう可能性があります。こうした出来事に対して、組織というものは極めて敏感に反応します。普段の仕事がいくら遅くても、組織全体の利害に関することになると対応は早くなるのです。

システム部の責任者は課長と一緒に提案を聞くと、その翌日すぐに打ち合わせの時間を設定してきました。この課長はシステム部特有のスイッチを知っており、これをうまく押したというわけです。

あくまで「一緒に話を聞きませんか」と持ちかけただけで、システム部が対応しないならクラウド企業に外注するなどとは一言も言っていません。しかし、システム部側は、こうしたリスクをすぐに察知したというわけです。

スイッチの感覚は営業で身につけることができる

POINT
部長以上の管理職は、こうした組織が持つスイッチを利用して、大きな組織を動かしていきます。逆に言うと、このようなツールを持っていなければ、図体の大きい組織を素早く動かすことはできません。こうした知恵の有無が、上級管理職としての仕事のデキる・デキないを左右することになります。

組織のスイッチというのは、ある程度役職が上がって実地で経験しないと身につかなそうですが、必ずしもそうとは限りません。若い段階からでも、この感覚を身につけることは可能です。

例えば、営業という仕事を思い浮かべてください。

営業マンが顧客に何かを提案する時には、担当者を口説き落としただけでは不十分です。組織全体のメリットになるようなストーリーを用意し、相手の社内で稟議を通過させなければいけません。

ある企業では、失敗した時にどうするのかという緊急プランの有無が、稟議の絶対要件となっていました。このような会社を顧客にしようという場合、どんなに魅力的な商品やサービスを提案しても、その部分がクリアできていないと絶対に決裁は下りません。

優秀な営業マンであれば、プロジェクトを分割して段階的に導入するプランを提示するなど、組織の論理を生かした提案をするはずです。組織のスイッチというのは、こうした感覚に近いものなのです。

STEP 4

情報を握ることの重要性

どのような組織を動かす場合でも、情報は強力な武器となります。これは出世の話に限らず、ビジネス全般に言えることであり、POINT 正しい決断には正確な情報の収集・分析が不可欠です。

情報収集と言うと、多くの人は社内に仲間を増やし、独自の情報ネットワークを構築するといったことをイメージするかもしれません。もちろん、こうした社内ネットワークも大事なのですが、それは情報が持つ1つの側面に過ぎません。

公開情報がむしろ重要

情報には、誰もが入手できる公開情報と、独自のネットワークで流通する非公開情報の2種類があります。情報をうまく活用するためには、そのどちらも重要です。特に、公開情報の収集・分析は極めて重要です。

実は多くの人が公開情報の重要性を非常に軽視しており、これが情報リテラシーの低下につながっています。情報の達人になるためには、その重要性を理解するところから始める必要があります。公開情報を見聞きして、「そんなこと誰でも知ってるよ」などと思ってしまう人は特に注意した方がよいでしょう。

POINT
会社の中における公開情報として重要なのは、どんな部署があり、誰がそこの責任者になっているのかという事実（ファクト）です。これは社内情報の基本と言ってよいものであり、ここで重視しなければならないのはファクトです。自分の感覚ではない情報に意味があるのです。

多くの人は、他人に対して情緒的な認識を抱きがちです。例えば、総務課長のA氏は「嫌な人」、経理課長のB氏は「いい人」といった印象を情報として持つ人が多いと思いますが、それではダメなのです。

ファクト・ベースの情報とは、A氏やB氏の経歴やこれまでの異動の経過など、客観的なものでなければいけません。また、こうした公開情報はモレ、ヌケがあると価値が半減してしまいます。経理課長は知っているが、営業課長はよく知らないという状況はよくありません。感情をできるだけ排除し、網羅性のある情報であればあるほど価値は高くなります。まずは、こうした公開情報をきっちりと整備するところから始めていくことが重要なのです。

情報の整理が一段落したら、次は分析のフェーズです。

大手企業に多いのですが、人事異動にある一定のパターンが存在するというケースはよく観察されます。入社年次や学歴、これまでの異動履歴などから、人事の動きが決まってくる会社の場合、かなり正確に次の人事を予測できることもあります。

こうした特徴はすべて公開情報で把握できるのですが、このような分析をしていない人は結構多いのが実情です。しかも、そのような人ほど社内人事について人一倍関心が高かったりします。人事に関心を持つのであれば、基礎情報の収集は必須と考えるべきでしょう。

独自の情報網にはリスクもある

このようにして得られた基本情報に、独自のネットワークを駆使した一次情報が加わることで、情報の価値は一気に高まることになります。

ここで大事なのは、客観的な基礎情報をベースに、噂といった独自情報を加えるという流れです。独自情報は、基礎情報があって初めて意味をなすものです。独自情報だけに頼り、客観的な基礎情報を軽視するのは最も危険な行為の1つですから、十分に注意する必要があります。人の話ほどアテにならないものはないのです。

また、独自の情報網を構築する場合には、その維持に関して細心の注意を払うことも忘れてはなりません。

自分に情報を持ち込んでくる人には、その人なりの理由があり、情報に対するバイアスもそれぞれです。各人の事情を把握しないまま情報を受け入れることは危険です。また、人からの情報というのは、自分の情報が相手に伝わるリスクとのトレードオフであることも理解しておく必要があるでしょう。

自分が何を知りたいのか、不用意に人に伝わることは避けた方が賢明です。「○○さんは△△について興味津々でしたよ」などと吹聴して回る人が一定数存在するからです。

その点で考えると、最も都合のよい情報源とは、自分が情報源になっていることを自覚していない人ということになります。こうした人脈を社内にどれだけ作れるのかによって、社内から得られる情報の質と量は大きく変わってくるでしょう。

こうした情報基盤を持っていれば、社内の動きはかなり見えやすくなるはずです。社内の動きが分かれば、自分が有利になるよう事前に動くことも不可能ではありません。

STEP 5
情報のカギとなるのは変化

情報の取り扱いについていくつか説明してきましたが、情報とは最終的には量に優るものはないと考えることもできます。たとえ玉石混交になったとしても、パワーのある人のところにはたくさんの情報が集まるからです。

誰が出世するのかを知る恐ろしい方法

企業の情報システムに携わる人の中では、半ば公然の秘密なのですが、社内の電子メールのやり取りを観察していると、誰が出世できるのか一目瞭然と言われています。決して、システム部の人が電子メールの中身を読んでいるわけではありません。誰が1日に何通のメールを誰から受け取り、何通のメールを誰宛に発信しているのかという受発信情報があれば十分です。

たくさんのメールを受発信している人は、ほぼ例外なく組織の中でキーパーソンとなっており、出世していく可能性が高いと言われます。一方、組織の中で力がなく、相対的に弱い立場の人はどうしてもメールの受発信頻度が低くなります。

情報はお金と同じで、情報のあるところに集まってくるという特徴があります。良質な情報を提供しない人には、よい情報は集まってきません。逆に言うと、一定程度の情報をうまく流すことで逆に情報を仕入れ、人をうまくキープしておくことができるということになります。

POINT
良質な情報を得たいと思うのであれば、まずは自分が良質な情報源となる必要があります。しかも、情報を不自然ではない形でやり取りできるようになるためには、やはり一定の親しさが必要となります。

つまり、あまり親しくない相手から重要な情報を得られる可能性は低いと考えた方がよいでしょう。結局のところ、有力な社内ネットワークを構築するためには、親しい相手をできるだけ多く社内に作っておくことが重要となるわけですが、本当の意味で親しい関係を構築するには、それなりの時間がかかることを意識する必要があります。

POINT

社内での人脈作りは、相手がプライドを持っている分野の話を聞くことからスタートするのがよいでしょう。完全にプライベートな話題よりも多少仕事に絡んでいた方が、関係を長期的に継続できるからです。

直接的に利害関係がない状態で、定期的に情報をやり取りする関係ができてくれば、社内人脈としては非常に有益です。このような仕事上におけるゆるいつながりをたくさん持っている人のところには、質のよい情報が集まってきます。そしてイザという時には、その情報が社内交渉で役に立ってくるわけです。

情報そのものではなく変化に着目せよ

情報を扱う際には、情報そのものの中身も重要ですが、変化に着目した方が有益なことも少なくありません。

欧米では、こうした情報収集や分析の手法は、いわゆるインテリジェンスとして確立しているのですが、この世界の基本は定点観測です。定点観測において重視されるのは、観測された情報そのものではなくその変化です。

通勤時間やルートが変わったり、服装に変化があったりすると、間違いなく本人の生活環境に変化が生じています。インテリジェンスの専門家は、この変化を頼りに背景に何があるのか探っていくわけです。

このテクニックは、社内のあらゆる場面で応用することができます。

POINT
上司や同僚であれば、出勤時間、退社時間、電話の頻度や相手、服装、食事などあらゆるものがチェック対象となります。取引先でも、それは同じです。電話の応対、受付の体制、応接の状況など多くのことに気を配っておけば、小さな変化があった時に気づくことができます。

この時、ただ変化に気づいただけでは不十分です。

情報のプロはターゲットのちょっとした変化と、その他の情報をうまく組み合わせ、点を線に、そして面に拡張していき、最終的に何が起こっているのか全体像を把握します。

ビジネスの世界でも同様です。会社の上司であれば、上層部でどんな決定がされているのか、取引先はどんな状況なのかなど、別ルートで収集した情報と組み合わせることで、初めてその情報が生きてくることになります。

もっとも、情報収集には割り切りも大事です。どんなに努力しても、100%の情報を得ることは不可能です。しかし、手元にある情報だけを頼りにすると、決定的な部分が欠落している可能性もあります。

足りないピースについてはある程度推測を行い、全体像を形成してから判断することが重要なのです。

STEP 6
リーダーシップを勘違いしない

組織の上に立つ人には、リーダーシップが求められます。これは誰にとっても共通認識ですが、リーダーシップの具体的な中身となると、実はよく分かっていない人が多いのではないでしょうか。単に「俺についてこい」ということをリーダーシップだと思ってしまうと、昇進への道は遠いかもしれません。

昭和におけるリーダーシップは簡単だった

強引でグイグイ部下を引っ張っていくタイプの人は、周囲に強い印象を与えますし、実際に仕事ができることが多いと思ってよいでしょう。多くの組織において、出世の第一候補と思われているはずです。

しかし、実際に出世した人をよく観察すると分かることなのですが、このようなタイプの人が、常に一番で出世しているわけではありません。「俺についてこい」というタイプは確かにチームのボスには向いていますが、もっと大きな組織のリーダーとなると必ずしもそうではないのです。

このタイプの上司は、仕事のできる人がほとんどですから、ある程度の実績をあげることができます。しかし、部下の育成などでは取りこぼすケースが出てきます。自分は仕事ができてしまうので、仕事ができない人や、馬力がない人のことを１００％理解することができないわけです。

右肩上がりの昭和の時代であれば、とりあえず成績を上げてくれるので、こうしたタイプの管理職は会社としては大歓迎でした。しかし、これからの時代は社員が自律的に動き、チームとして成果をあげられるように指導できないと、管理職として評価されなくなっています。つまり、「俺についてこい」という昭和まる出しタイプの上司はかなり不利になってきているのです。

さらに言うと、このタイプの人は本書の中心的なテーマである、人ではなく組織を動かして仕事をするという観点においても十分に力を発揮できない可能性があります。仕事を進めていく視点が、「人」の範囲で止まってしまっているからです。

つまり、**上級管理職以上におけるリーダーシップの意味は、現場におけるリーダーシップとはかなり異なっているわけです。**このあたりにどれだけ早く気づくことができるのかで、上級管理職としての成果は変わってきます。

日本企業は実はチームプレーが下手？

部長以上の管理職に求められるリーダーシップとは、組織をうまく動かし、チームプレーで業績を上げる能力ということになるでしょう。

チームプレーと強いリーダーシップは一見、矛盾しそうですが、決してそうではありません。チームプレーをうまく機能させるためには、各人が各人の役割をしっかりと認識し、その部分においてはむしろ積極的にリーダーシップを発揮しなければなりません。最終的な権限は当然、チームのボスにあるわけですが、そのボスがすべてを決めてしまうことをリーダーシップと呼ぶわけではないのです。

日本の組織は集団で行動はしていますが、実はチームプレーが不得意です。各人が自身の役割を明確に認識し、その部分では主導権を発揮するという形にはなっていないことが多いからです。誰が何を決定するのかについて、明確な権限を持っていないことがその原因です。外国企業とのミーティングでも、先方は２人しか出席していないのに対し、日本側は５人も６人も参加して誰が意思決定権者なのか分からないという光景が日常的に見られます。

やることがすでに決まっていて、とにかくそれをこなすだけという、途上国型のビジネスであれば、それでもうまく機能するかもしれません。しかし、新しいアイデアを具現化していくことが求められる今の時代にあっては、チームプレーが機能しないことは大きなマイナスとなります。当然、会社が求める人材はこうした状況をうまく打開してくれる人物ということになるでしょう。

会社には役職という地位が存在するため、完全にフラットな関係というものはあり得ません。しかしながら、そうしたカベを取り払った状態で仕事をすることになれば、自然と役割分担は決まってくるものです。

POINT

チームプレーにおいてリーダーシップを発揮できる人というのは、会社の役職という立場を前提にしつつ、自然に決まってくる役割をうまく組織の序列にあてはめることができる人のことを指しています。

こうした視点は部長以上に昇格してからも重要です。各課に対して単純にプレッシャーをかけるだけでなく、稼ぐ仕組みを構築するには、課長にこうしたマインドを身につけさせる必要があるからです。

【第５章 まとめ】

CHECK
❶ ── 組織はその企業のビジネスに最適なように変化していく。組織が変わる時は昇進の基準が変わるタイミング。

CHECK
❷ ── 組織を動かすためには、構成メンバーの顔はいったん忘れ、無機質な対象として合理的に判断し、指示する。

CHECK
❸ ── 管理する単位が小さいほど、チームの構成メンバーの感情に大きく左右される。組織が大きいほど、個人の感情は組織の行動にあまり反映されなくなる。

CHECK
❹ ── 大きな組織は、全体の利害に関係する組織のスイッチを利用して動かす。

CHECK
❺ ── 客観的な基礎情報をベースに、噂などの独自情報を加えて分析する。良質な情報を得るためには、まず自分が良質な情報源となる必要がある。

CHECK
❻ ── 出勤時間、退社時間、電話の頻度や相手、服装、食事などあらゆるものの変化が情報収集の対象となる。

CHECK
❼ ── リーダーシップを発揮できる人は、会社の役職という立場を前提にしつつ、自然に決まってくる役割をうまく組織の序列にあてはめることができる人である。

第6章
経営を知る

STEP 1
経営者の会社に対する見方はここまで違う

業務に対する考え方１つ取っても、経営者（もしくはそれに近い立場の人）とそうでない人とでは、天と地ほどの違いになります。

アップル日本法人、日本マクドナルド、ベネッセホールディングスと各社のトップを渡り歩いてきた原田《はらだ》泳幸《えいこう》氏は、毀《き》誉《よ》褒《ほう》貶《へん》の激しい人物ではありますが、日本では珍しいプロ経営者の１人です。原田氏の発言を聞いていると、物事に対する考え方が１００％経営者であることが分かります。

マクドナルド原田氏の思考回路

原田氏がマクドナルドのトップに就任したのは２００４年のことでしたが、当時の日本マクドナルドの全店売上高は約４０００億円でした。しかし、原田氏は「６００

0億円程度までなら、すぐにでも売上を拡大することは可能」と就任早々発言し、周囲を驚かせています。

原田氏は適当に数字を言っていたわけではありません。当時の米マクドナルドの全店売上高は2兆円を越えていました。日本の人口は米国の3分の1ですが、マクドナルドの売上高は5分の1でした。米国と日本の人口比を考えれば6000億円を突破しても不思議ではありません。また、グローバルブランドとして通用している商品やサービスの場合、一般的に全世界の売上高に対する日本市場の比率は10%以上となります。当時のマクドナルドの全世界の売上高は約5兆円でしたから、日本市場の割合が12%だと仮定すると、やはり6000億円と計算されます。

これまで4000億円しか売れなかったものを、いきなり1・5倍にするという話を聞くと、中には正気とは思えないと感じる人がいるかもしれません。しかし、経営者というものは、人がびっくりするような話であっても、データなどを基に淡々と目標を掲げ、それを実現するための手段を考えていくものなのです。

原田体制におけるマックがかなりの無理を重ねたのは事実ですが、実際その後マックの売上高は5400億円まで拡大しています。

こうした発想は、与えられた仕事の延長線上でしか物事を考えてこなかった従業員体質の人からは決して出てこないものです。もちろん、ここまで大胆になる必要はありませんが、部長以上に昇格し、経営の一部を担う立場となった場合には、経営者的な発想が求められることは理解しておいた方がよいでしょう。

こうした経営者的な発想法は、2つのポイントに分けて考えることができます。

1つは結論を導き出すための論理性です。

原田氏はなぜ売上高を1・5倍にすることが可能なのかという根拠に、他のグローバルブランドとの比較を例に挙げています。全く新しい市場を創造するベンチャー企業の場合なら話は別ですが、それなりの規模を持つ市場でビジネスをしている既存企業であれば、何らかの比較対象が存在しているはずです。類似の事例からの推測で潜在的にどの程度の拡大余地があるのかを考えるのは、経営者の日常的な仕事の1つと言ってよいでしょう。

もう1つは前例にこだわらないという点です。人から指示されて仕事をすることに慣れきってしまうと、前と同じようにやればよいという発想に陥りがちです。確かに、今までうまくいっていたものを継承することは大事なことです。

しかし、経営層として仕事をする場合にはそれだけでは不十分です。経営者は常に利益成長が求められており、それを実現するためのプランを考え出すことが彼らの仕事だからです。

今までやったことがないという理由だけで、新しいアイデアを頭の中から排除してしまうと、これまでと同じような陳腐な案しか残りません。常に新しい展開を考え続けることができなければ、こうした役職を全うすることはできないのです。

富士フイルムが復活できた理由

一方で、組織を動かす以上、現実主義的な観点も重要です。アイデアだけでは組織は空回りしてしまいます。

富士フイルムはかつてカメラのフィルム市場において圧倒的な立場でしたが、デジカメの急速な台頭でフィルム市場の消滅という事態に直面します。しかし、既存のリソースを使って新規事業にシフトするためにはある程度の時間がかかります。

当時社長の古森重隆《こもりしげたか》氏は、ゼロックスとの合弁企業であった富士ゼロックスの株式を追加取得し、傘下に収めることで時間稼ぎを図りました。その間に、次々とM&Aを行い、10年で事業構造を大幅に転換。写真からの脱却に成功しています。大胆な変革を掲げながらも、優良企業であったゼロックスを活用し、目先の数字を確保するという現実主義的な対応がなければ、このプランは成功しなかったでしょう。

多くの人は、大胆な改革といったキャッチフレーズにばかり目が行ってしまいますが、企業経営は堅実な実務の積み上げからできています。こうした地道な努力と、世間をあっと言わせる大胆な戦略をうまくミックスする能力が経営者には求められているのです。その点が、一般的なビジネスパーソンとの最大の違いでしょう。

緻密さと大胆さの組み合わせという点では、ソフトバンクの孫正義社長はまさに究極の経営者と言ってよいかもしれません。

ソフトバンクは、2016年9月に3兆円以上の資金を投じて英国の半導体企業ARM社を買収しました。孫氏はこれまでも無謀と言われた買収案件をいくつも成功させています。多くの場合、孫氏が買収を決定する時点では、その後の明確なロードマップはできていません。それが明確に描けるような状況になってからでは、こうした優良案件を獲得することはほぼ不可能だからです。

先行きが不透明で多くの人が疑問視する段階で決断をしなければなりませんが、一方でそれが無謀な投資であってはいけません。

孫氏は天才的な起業家であり、ソフトバンクの創業者ですから普通の経営者とは格が違います。しかし、程度の差こそあれ、企業の経営層に求められているのは、こうした慎重さと大胆さの融合であるということはよく理解しておくべきでしょう。

STEP 2
執行役員と取締役の違いが分かりますか？

最近では執行役員という肩書きはごく普通になっていますから、あまり話題に上らなくなっていますが、日本社会において執行役員ほど、その立場が理解されていない役職はないかもしれません。

執行役員がどのような存在なのかという話は、株式会社の経営において極めて重要な意味を持っています。逆に言うと、執行役員の意味をしっかりと理解せずに、部長以上に昇進することは望ましくありません。

経営と執行は別物

株式会社は、会社を所有する人、会社を経営する人、職務を執行する人を分離するために作られた制度です。多くの人は、会社を経営することと、日々の職務を遂行することを混同していますが、両者は全く違います。

POINT
経営者（取締役）の仕事は、会社の所有者である株主の意向を受け、会社全体をどのような方向に進めていくのか決定することです。

したがって、経営者は内部からの昇格者である必要はなく、グローバル企業によく見られるように、取締役のほとんどが外部の人で占められていても問題ありません。むしろ経営者が保身に走らないので、その方がよいとすら見なされています。

一方、執行役は取締役会での決定を受け、その職務を実際に遂行する人です。執行役の人は常に会社に在籍し、日々の業務をこなします。執行役のトップに立つ人のことを、英語ではＣＥＯ（最高経営責任者）と呼びます。株式会社制度では、会社を経営する人と、日々の業務を遂行する人は別々の役割を担っているわけです。

すべての会社がこうした形態ではなく、会社の所有者と業務を遂行する人が同じ形態の会社もたくさんあります。米国にはＬＬＣ（有限責任会社）という形態が広く普及しており、会社と言うとむしろこちらを指す方が多いのが実態です。

つまり、資本家が会社を所有して自由に株式を売買できる株式会社の制度は、制度全体から見た場合、非常に特殊な存在なのです。しかし、不思議なことに会社の買収などについて極めて否定的な風潮の強い日本において、なぜか株式会社が大多数を占めています。資本家による会社の売買を嫌っていながら、会社を積極的に売買するために作られた特殊な制度を皆がこぞって採用するという、かなり支離滅裂な状況になっています。

少し話が逸れましたが、POINT 株式会社というのは所有、経営、執行を分離するという形態であり、執行役員というのは業務の執行を託された人というわけです。

取締役には誰が就任すべきか

POINT 会社の経営と業務の執行が別である以上、執行役員は経営者ではありませんし、当然、経営者の意思決定会合である取締役会に出席する必要はありません。

ただ現実的には、執行役員の見解を聞かずに、経営者が経営判断を下すことはできませんから、ＣＥＯやＣＦＯ（最高財務責任者）など執行役の上層部数名は、社内から取締役として経営に参画するケースが多くなっています。

しかし、執行役はあくまで執行役に過ぎない存在ですから、ガバナンスがしっかりしている企業の場合には、取締役会に出席する執行役はCEOただ1人というケースも少なくありません。

一方で、CEOは取締役会において決まったことを着実に実行する執行役のトップでもあります。CEOの権限が社内で絶対的なのは、取締役会から執行業務を一任されているからです。

ところが、ガバナンスがしっかりしていない会社では、経営と執行が混同されて曖昧なまま経営が行われています。経営者（取締役）の仕事は、常に所有者である株主のことを考え、会社全体の利益を最大化することです。日々の業務を行うために株主から選ばれているわけではありません。また取締役はみな対等であり、執行者が会社の利益を損ねる決定をしていないか常に監視する役割も与えられています。

日本の企業は執行役が取締役会にずらっと名前を連ねているケースが多いのですが、これは本来の主旨からするとかなり奇異に映ります。社内の上司と部下が、対等な関係で取締役会において議論することなど、到底不可能だからです。

こうした曖昧な経営は今後ますます許容されなくなります。部長以上をめざすのであれば、取締役と執行役員の違いはしっかり頭に入れておかなければなりません。

STEP 3
なぜ、高額な役員報酬をもらえるのか？

取締役は株主から経営を任され、執行役員は取締役会から業務の遂行を任されている以上、その中で最大の成果をあげなければなりません。この点において、労働時間を提供することで対価を得る従業員とは根本的に立場が異なります。

部長クラスの役職は、こうした経営層の一歩手前ですから、少なくとも部長に昇進した段階で、自身の報酬が何から生じているのかについて理解しておく必要があります。従業員と異なり、報酬はすべて業績が原資になっていることを片時も忘れてはいけません。

日本の役員報酬、世界の役員報酬

毎年、株主総会シーズンが終了すると、上場企業の役員報酬の金額が話題に上ります。日本企業の役員報酬は国際的に見て安いと言われており、最近ではこの差を埋めるように報酬額が急上昇しています。

東京商工リサーチの調べによると、２０１6年3月期決算において1億円以上の役員報酬をもらった役員は４１４人だったそうです。２０１２年には２９５人でしたから高額報酬をもらう人の数は着実に増えています。

役員報酬の高額化については様々な意見があります。賛成派の人はグローバルな水準から考えれば当然であると主張していますし、反対派の人は日本の企業文化は欧米とは異なるので高額報酬は馴染まないとの立場です。

筆者は役員報酬をグローバル水準に合わせることについて賛成の立場ですが、もしそうするならば、報酬の原資である業績もグローバルな水準に達していなければ意味がありません。業績は日本基準、報酬はグローバル基準などというダブルスタンダードは許容されないはずです。

この点において、現在の役員報酬の高額化には疑問があります。

例えば、日本の大手企業におけるＲＯＥ（株主資本利益率）は米国企業の４分の１、欧州企業の３分の１しかありません。日本の上位10社の売上高合計は約１３０兆円ほどですが、米国の上位10社の売上高合計は270兆円に達しています。

個別企業に目を転じてみましょう。

武田薬品工業は日本の中ではグローバル化が進んだ企業と言われており、役員報酬もグローバル水準です。同社会長の長谷川閑史《やすちか》氏の役員報酬は4億5000万円、社長であるクリストフ・ウェーバー氏の報酬は9億500万円です。

では同社の経営はどうなのかというと、2016年3月期の売上高は1兆8074億円、純利益は802億円となっています。一方、国際的な製薬大手であるファイザーの売上高は約4兆9800億円、純利益は7100億円もあります。武田薬品の利益水準はファイザーの8分の1以下の水準でしかありません。売上高に対する当期利益率で比較しても、ファイザーの14・2%に対して、武田薬品はわずか4・4%です。

ちなみにファイザーのイアン・リードCEOの報酬は19億8000万円ですが、基本給とボーナスが約6億3000万円で、残りはすべて株式による報酬です。会社からの現金支出という意味では、武田薬品の報酬は破格に高いと見ることも可能です。

役員は業績を上げなければ評価されない

日本を代表する電機メーカーであるソニーも同じような状況です。

ソニーの平井社長の報酬は5億１３００万円ですが、米アップルのクックＣＥＯの報酬は10億５００万円と平井氏の2倍です（以前に付与されたストック・オプションは除外）。しかし、ソニーとアップルの業績は天と地ほどの違いがあります。

ソニーの２０１６年3月期の純利益は１４８０億円ですが、アップルの純利益は約5兆４４６０億円もあります。アップルはソニーの36倍もの利益をあげているわけです。36倍の利益で役員報酬差はわずか2倍ですから、見方によってはソニーは世界で最も役員報酬の高い会社かもしれません。

日本企業の役員報酬の基準が甘いのかどうかはともかくとして、役員報酬が、企業の業績を基に算出されていることは間違いありません。したがって、役員に準じる執行役員あるいは部長クラスの役職者にも当然、同じような考え方が適用されることになります。

POINT
評価ポイントは業績を上げたかどうかであり、本人がどう働いたのかについては、ほとんど考慮されません。また業績についても、個別のプロジェクトごとに単体で評価するのではなく、プロジェクトの集合体が評価対象となります。

非常に質のよい仕事をして、小さいプロジェクトを成功させても、全体の業績が伸びていない場合は、個別のケースは無視されてしまいます。部長以上の役職者も同様であり、全体の数字を上げる能力の有無が重視されることになるのです。

STEP 4

「数字」は経営者の共通言語

経営者とそうでない人の違いは、数字に対する感覚の有無に表れます。数字は会社を経営する人たちにとっての共通言語と言ってもよい存在です。部長以上の昇格をめざしているなら、数字の感覚はしっかりと身につけておいた方がよいでしょう。

数字に強いと上の目に留まりやすい

ネット金融事業などを手がけるＳＢＩホールディングスＣＥＯの北尾吉孝氏は、数字がすべて頭に入っている経営者と言われています。

北尾氏は大学を卒業すると野村證券に入社し、証券マンとして活躍していましたが、１９９５年にソフトバンクの孫社長にスカウトされ、同社の常務となりました。ソフトバンクの大型の資金調達を取り仕切り、その後は同社から分離したＳＢＩグループのトップとして仕事をしています。

北尾氏は、自社の業績などを外部に説明する際、財務諸表などが記載されているペーパーをほとんど見ずに、まるで数字をすべて暗記しているかのように話します。証券マン出身ですから、もともと数字に強いという側面はあるかもしれませんが、ごく普通のビジネスパーソンから見ると、数字をそらんじるかのような説明には驚かされるようです。

筆者の知るある上場企業の経営者は、部長クラスに事業計画書を書かせてもロクなものが出てこないと嘆いていました。その社長は、計画の中身というよりも、数字がしっかり吟味されていないプランが多いことに不満を持っていたようです。

その社長に可愛がられ、若くして取締役に抜擢されたのは、数字を作成するのが上手な部長でした。特に高い業績をあげたわけではありませんが、おそらく数字の緻密さを買われたのだと思われます。

この抜擢基準の是非はともかく、数字がしっかりしているだけで、さらに上の経営層の目に留まりやすいという現実は理解しておいた方がよさそうです。

このように役職が上がってくると、数字にめっぽう強いタイプの人材が増えてくることになります。POINT経営者にとって数字は共通言語であり、この言語で会話ができるかどうかは、経営者として認められるかどうかの大きな分かれ道となります。

数字を使うと物事がリアルに把握できる

POINT数字を使うことのメリットは、何と言っても具体性です。「○○社の売上は大きい」「△△社は急成長している」「○○社の利益は驚異的な水準」、これらはビジネスの現場でよく聞かれるセリフですが、実際にどのくらいの水準なのか実は全く分かりません。多くの人はこうした〝語感〟でたいていのことを判断してしまいます。

しかし、経営者としての心得があれば、そのような理解はしません。売上が大きいと言っても、兆のケタなのか、百億のケタなのかによって規模の絶対値は大きく異なります。

同じ国内の有力メーカーと言っても、例えばトヨタ自動車と三菱重工とでは、経営規模はまるで違います。トヨタ自動車の２０１６年３月期の売上高約28兆円に対して、三菱重工の売上高はわずか4兆円。売上高で比較すると、三菱重工はトヨタの7分の1しかありません。

ちなみにトヨタの経常利益は約3兆円ですから、トヨタ1社の利益と三菱重工全社の売上高に大した差はありません。大企業と一口に括ってしまうのは、少々危険であることがお分かりいただけると思います。

経営者はこうした絶対値に加えて、変化率にも着目します。ある会社が成長していると言っても、毎年5％売上高が伸びるのと、20％ずつ伸びるのとでは状況に大きな違いがあります。

また売上高10兆円の会社が5％伸びるのと、売上高100億円の会社が5％伸びるのとでは絶対値があまりにも違い過ぎます。10兆円の会社の場合、毎年5000億円も売上高が増えている計算になります。一方で、100億円の会社では、5億円にしかなりません。

しかし、100億円の会社でも20％成長が20年続いた場合には、最終的には売上高が3800億円を突破します。金額が小さくても、高い成長率が長期間継続すると、規模のメリットを享受できるようになってくるのです。

有能な経営者や部長以上の役職者は、常に自らの会社やプロジェクトについて、数字で把握しています。**POINT** どの程度の規模があり、今後どこまで拡大することができるのかについて、感性ではなく数字で判断しているのです。

数字を使うと、その会社の中でお金とモノと人がどう回っているのか、立体的に把握できるようになります。これは経営者にとって非常に大事なことなのです。

STEP 5

押さえておきたい財務の基礎知識①

数字が経営者の共通言語ということになると、会社の財務諸表は共通言語で書かれた経営者の通信簿ということになります。

財務諸表というと、細かい勘定科目を覚えていくようなイメージがありますが、それは経理など専門部署に任せておけば大丈夫です。企業のマネジメントに携わる人にとって、POINT 財務諸表はあくまで会社とその経営状況を理解するためのツールであり、道具であるとの割り切りが必要です。財務分析を通じて、お金とモノの流れを把握するのが最終目標であることを理解してください。

損益計算書からお金とモノの流れを想像する

財務諸表の中で、最も分かりやすいのが損益計算書（P／L）です。

損益計算書は文字通り、1年間に会社の売上高や利益がどのくらいあったのかを示す書類です。

損益計算書には、売上高、原価、一般管理費、減価償却などが記載されています。売上高から原価を引くと売上総利益（いわゆる粗利益）になり、そこから一般的な経費を差し引くと営業利益になります。

損益計算書を見れば、製品やサービスをどのくらい売っているのか、仕入れや製造にはいくらのコストがかかったのかなどが瞬時に分かります。経営者は損益計算書を見て、利益を最大化するためには、どの部分をコントロールすればよいのか考えます。また、新しいビジネスを検討する際には、常に損益計算書がどのような形になるのかイメージします。

営業利益を倍増させたいと思った場合、売上高を増やすか、コストを減らすかの

ファナックの財務諸表（2016年 3月期）

【損益計算書】　単位：百万円

科目	金額
売上高	623,418
売上原価	326,912
売上総利益	296,506
販売及び一般管理費	80,939
営業利益	215,567
営業外利益	17,554
営業外費用	3,760
経常利益	229,361
当期純利益	160,332

二者択一を迫られます。売上高を増加させれば利益は急激に増えますが、そう簡単なことではありませんし、そのための追加コストも必要となります。投資対効果が十分に得られる確証がなければ、売上高を増やすやり方にはそれなりのリスクが伴います。

一方、コストを削減することは比較的簡単です。人件費や広告宣伝費を減らせば、一定金額の利益を捻出することができるからです。ただ、コスト削減の効果はあまり大きくありません。人件費や広告宣伝費をゼロにすることはできませんから、どうしても限界値が見えてきてしまうのです。

さらに言うと、人件費を削減してしまうと、その後のオペレーションに大きな影響を与えてしまいます。従業員の士気が下がったり、長期的には能力の高い社員を採用できなくなります。広告宣伝費についても、すぐには分からなくてもコストを減らした悪影響はジワジワと顕在化してくるでしょう。

利益を捻出するためには、経費ではなく、仕入れコストを下げるやり方もあります。調達企業と価格交渉を行って仕入れ価格を引き下げたり、製品ラインナップを絞って仕入れの品目数を減らしたり、その分ボリュームで値引きしてもらえるよう交渉したりといった方法が考えられます。

仕入れのコスト削減は、粗利益を一気に増加させますから、大きな効果が得られることもあります。しかし、一般経費の問題と同様、中長期的には品質や顧客満足度にマイナスの影響を与える可能性があります。

経営者はこれらの施策を同時並行的に検討し、効果が大きいものを重点的に実施するやり方を採用することがほとんどです。部長クラスの役職者はその実務を担うことになりますが、POINT 経営者が何を望み、財務諸表のどの部分をどう変えようとしているのか、しっかりと理解した上で業務を遂行することが求められます。

慣れると見るべきポイントは絞られてくる

損益計算書を分析する際には、こうした視点を持って数字をチェックすることが重要です。最初のうちは、売上高と利益にしか目が行かないかもしれませんが、慣れてくると、見るべきポイントが分かってきます。

POINT 損益計算書で重要なのは、売上高と原価です。

粗利益が大きい企業は、原価が安いのか、あるいは原価が高くても、その分高い値段で売ることができているのかのどちらかになります。つまり、製品やサービスに高い付加価値を与えることに成功しているわけです。経常利益や当期利益など最終的な利益が大きい企業のほとんどは、粗利益の段階からすでに高収益です。

例えば、産業用ロボット大手ファナックは高収益企業として知られていますが、粗利益率は50％を超えています。パナソニックなど一般的なメーカーは30％ですから、ファナックは粗利益の段階で大きな利益を得ているわけです。まず手始めに、自分が勤めている企業の損益計算書を眺めてみてください。会社の収益力が分かるはずです。

STEP 6
押さえておきたい財務の基礎知識②

損益計算書は、1年間にどのくらいモノやサービスを売って、どのくらいのコストをかけ、いくらの利益を残したのかという指標ですから、これはフローの数字を扱ったものということになります。

一方、企業の経営状況を正確に把握するためには、フローの結果として、どの程度お金が貯まったのか、あるいはどのような形で事業資金を調達しているのかについても知っておく必要があります。企業の資産状況を把握するための書式が、貸借対照表（B／S。バランスシート）です。

バランスシートは右と左に分けて考える

貸借対照表は右側と左側に分けて考えます。

先ほど例に挙げたファナックのバランスシートを見てみましょう。資産の項目のうち、最も大きな割合を占めているのは流動資産です。これは現預金や有価証券など、すぐにキャッシュに換えることができる資産です。

ファナックが現在持っている資産の総額は約1兆5000億円ほどですが、流動資産の額は約1兆円と全体の約7割に近い数字です。資産のほとんどが流動性の高いもので占められているので、同社はイザという時にも慌てる必要がありません。

では、ファナックはこの潤沢なお金をどうやって作ったのでしょうか。ただお金をたくさん持っているだけでよいなら、銀行

ファナックの財務諸表（2016年 3月期）

【貸借対照表】

単位：百万円

科目	金額
流動資産	1,072,770
固定資産	440,125
有形固定資産	352,060
無形固定資産	3,875
投資その他	84,190
資産合計	1,512,895

科目	金額
流動負債	106,116
固定負債	71,869
負債合計	177,985
資本金	69,014
利益剰余金	1,269,557
その他	-3,661
資本（純資産）合計	1,334,910
負債・資本合計	1,512,895

からたくさん借金すればいいだけです。

貸借対照表の右側は、左側の資産を購入する原資となったお金がどこから来ているのかを示しています。右側に配置される項目としては、負債と資本（純資産）の２つがあります。

もし資産の項目でたくさん保有しているお金が銀行などからの借金だった場合、右側の負債の項目が大きくなるはずです。しかし、負債総額は約１７００億円と資産全体からするとごくわずかしかありません。同社には、借金はほとんどないことが分かります。

では、先ほどの巨額資産を購入するお金はどこからやってきたのでしょうか。それは貸借対照表の最後の項目である資本を見れば分かります。

資本の項目は、出資という形で投資家からお金を集めた部分（資本金と資本剰余金）と、毎年の利益の蓄積から得られた部分（利益剰余金）に大別できます。

ファナックの資本の額は約１兆３０００億円ですが、そのほとんどは利益剰余金です。毎年の利益を貯め続けた結果、１兆３０００億円ものお金が手元に残ったということです。

つまり、同社がこれまでの利益で得た1兆3000億円のうち、工場などの設備に投じているのは約3000億円程度しかなく、残りの1兆円は現金に近い形で保有しているということになります。

同社における人件費など必要経費は毎年800億円程度ですから、極論を言うと同社の売上がゼロになっても、12年くらいは何もしなくても持ち堪えられるということになります。

逆に過去の利益の蓄積がほとんどない企業の場合、財務諸表の右側の項目は、負債の数字が大きく（資本の数字が小さく）なります。

POINT
資産全体に対する資本の割合が10％を切ると（逆に言えば負債の割合が90％を超える）、財務的には経営が苦しいと見なされる可能性があります。借金の負担が大きく、返済のメドが立たなくなる可能性があるからです。さらに自己資本比率が下がって5％を切ると、上場企業の場合には倒産なども囁かれてくるレベルです。よくアナリストの分析や新聞記事で「財務体質は良好」という記述を見かけますが、これはバランスシートに負債が少なく、資本の額が厚いことを意味しています。

株式投資は経営を学ぶチャンス

企業経営者は損益計算書も重視しますが、何よりも貸借対照表を強く意識しながら経営を行います。ここには経営の上手、下手が凝縮されてくるからです。

バランスシートを見れば、借金が多過ぎるのか少な過ぎるのか、資産が多過ぎるのか少な過ぎるのかなど、多くのことが分かります。同じ売上高なのに資産の額が多い会社は、投資のやり方が下手なのかも知れません。ムダな投資が多く、それが売上につながっていない可能性が考えられます。

企業の売上と資産の関係は業種や業態などによって様々ですが、大まかな傾向として、売上高の大きさと資産の総額は近い数字になります。資産が大きい会社だと売上高の2倍程度になることもありますが、ケタが異なるケースは多くありません。このあたりを同業他社と比較すると、経営の巧拙がよく分かります。

POINT

経営層は貸借対照表を見ながら経営の指示を出すことがありますから、部長クラスは経営層の指示の目的がどこにあるのか理解しながら業務を進めなければなりません。単に利益を出せばよいというわけではない可能性があるのです。このあたりを理解しているのとしていないのとでは、オペレーションのやり方は大きく変わってくるはずです。

もっとも現実の会社組織において、出世する前段階でこれらの知識を問われる局面はほとんどありません（金融機関など財務を仕事にする職種は別ですが）。むしろ下手に財務の話を持ち出すと、「大きな話はいいから、目の前の注文でも取ってこい」と言われてしまうかもしれません。

つまり、こうした知識は出世するまでの間に、隠れて身につけておく必要があるわけです。もちろん財務や経営の書籍を読みこなせるに越したことはありませんが、多忙なビジネスパーソンにとって継続して勉強することは容易ではないでしょう。

こうした状況を打開する１つの方法に株式投資があります。

投資をする以上、企業の経営分析は必須となり、会社を見る目はすべて経営者視点になります。決算発表などの資料を読み込んでいくと、証券アナリストがどのような指摘を行い、企業の経営者はそれにどう対応しているのかがよく分かります。数字で考えるクセも身についてくるでしょう。経営の勉強ができて、うまくいけばお金も儲かるわけですから、まさに一石二鳥です。

無理して大きなお金を投じる必要はありませんが、多少のお金をかけた方がより真剣に取り組むことができるでしょう。投資経験がない人は、機会を見つけてチャレンジしてみてはいかがでしょうか。

【第６章 まとめ】

CHECK
❶ ── 経営者的な発想法は２つ。結論を導き出すための論理性と前例にこだわらないこと。

CHECK
❷ ── 経営者の仕事は、株主の意向を受け、会社全体をどのような方向に進めていくのか決定すること。

CHECK
❸ ── 株式会社は所有、経営、執行を分離する形態である。執行役員は業務の執行を託された人で、経営者ではない。意思決定会合である取締役会には出席しない。

CHECK
❹ ── 役員の評価ポイントは業績を上げたかどうか。本人がどう働いたのかについては、ほとんど考慮されない。

CHECK
❺ ── 経営者は自社がどの程度の規模があり、今後どこまで拡大できるか、感性ではなく数字で判断する。

CHECK
❻ ── 財務諸表は会社とその経営状況を理解するためのツールである。

CHECK
❼ ── 部長クラスは経営者が何を望み、財務諸表のどの部分をどう変えたいのか、理解した上で業務を遂行すべき。

CHECK
❽ ── 資産全体に対する資本の割合が10％を切ると、財務的には経営が苦しいと見なされる。

第7章
時代に対応する

STEP 1
女性の社会進出に対応する

最近は価値観の多様化が進み、会社組織のあり方や物事の基本的な考え方についても変革が迫られています。一部の人はこうした変化に戸惑っているかもしれませんが、部長以上の昇進を考えている人にとっては特に重要です。

以下では、幹部昇進を狙うにあたって、こうした社会の変化についてどう対応すればよいのか考えてみたいと思います。

シンプルに考えれば答えは決まっている

社会の変化への対応は、上への昇進を考えている人であれば、実はそれほど難しくはありません。経営の基本に則り、会社の利益を最大化するにはどうすればよいのか考えれば、必然的に答えは出てくるからです。

このところ女性の社会参加が大きなテーマとなっていますが、企業としての考え方は本来シンプルなはずです。企業は利益を最大化することが使命ですから、適材適所で能力のある人物を相当のポストに据えることが重要です。

つまり、評価基準は女性なのか男性なのかではなく、そのポストにふさわしい人物なのかどうかという点に絞られます。また経営幹部にとっては、儲かる仕組みを作ることがミッションです。POINT 男性でなければ仕事が回らないといった状態は、できるだけ避ける必要があるわけです。

したがって、「女性は使えないから」という理由で登用が妨げられることはあってはならないですし、逆に能力のない女性を性別を理由にポストに登用することもあり得ません。

職務を全うできる能力さえあれば、どのような人物がポストに就任しても一定の業績をあげられるよう組織の仕組みを整えることこそが、幹部以上の社員に課せられた仕事です。現実はいろいろあるかもしれませんが、これが原理原則です。

こうしたメカニズムは、女性の社会進出では圧倒的な先進国である米国の経緯を見るとよく分かります。

米国は女性の社会進出がかなり昔から活発なイメージがありますが、実はそうでもありません。1970年代までは、女性は重要な職務に就かせないという風潮が根強く残っていました。一部の女性は政治的な活動を行い、女性の権利を主張していました（ウーマンリブやフェミニズムと呼ばれる運動です）。

一連の活動は政治的には大きな効果を発揮しましたが、その結果、企業の現場で女性の進出が進んだわけではありませんでした。

企業における状況を一変させたのは、実は1980年代に進められたレーガン政権における各種の経済政策、いわゆるレーガノミクスです。

レーガノミクスでは大胆な規制緩和が行われ、多くの企業が厳しい競争環境にさらされることになりました。グローバル化の進展で国際的な分業体制も確立するようになり、米国の労働者はコストの安い新興国の労働者と争わなければならない状況に陥ってしまったのです。

企業における女性の役割拡大は、こうした流れの中で発展してきました。

厳しい競争環境に放り込まれた企業は、これまでのようなぬるま湯体質で経営を続けることが難しくなりました。その結果、人材の登用に対して贅沢を言うことができなくなってしまったのです。

できるだけ安いコストで優秀な人材を確保するためには、あらゆる人物を採用候補者として検討する必要が出てきます。この結果、女性の前に立ちはだかっていた、昇進や採用に関するカベは事実上崩壊してしまったわけです。

多様性への対応は利益最大化のため

最近では「ダイバーシティ」という言葉もよく使われるようになり、専門部署を設置する企業も増えてきました。ダイバーシティとは、多様性を示す言葉であり、企業は様々な人材が活躍できる環境を整える必要があるとの文脈で使われています。

しかし、この言葉は少し誤解され、1人歩きしているようです。かつてのフェミニズムと同様、べき論として使われていたりするケースが散見されるからです。ある企業の幹部は、ダイバーシティに関連した話題の中で「女性らしい感性を生かして仕事をしてもらう」といった趣旨の発言をしていました。このような「女性らしい」「男性らしい」という発想は、本来の趣旨とは正反対のものです。

POINT

今後、幹部社員への昇進を考えている人は、女性の登用や多様性への対応は、あくまでも利益最大化のための手段であるというドライな感覚が必要です。そうでなければ、一連の施策もうまくいかないでしょう。

STEP 2
業務プロセスを時代に合わせる

女性の社会参加とグローバル化には密接な関係があります。それは、諸外国では女性の幹部登用が多く、日本では少ないといった比較論ではありません。これは基本的な業務プロセスのデザインに関する話です。

グローバル化と女性の社会進出は同一問題

女性社員の割合が低く、グローバル化もあまり進んでいない組織の場合、ＩＴ化もあまり進んでいないことが多いという特徴が見られます。業務における責任も曖昧で、お互いが顔を突き合わせながら何となく業務が進んでいきます。いわゆる典型的な日本型の業務プロセスです。

こうしたムラ社会型組織の場合、言語空間もあまりはっきりしていません。指示は論理的ではなく、どちらかと言うと情念や雰囲気で物事が決まります。

こうした組織がうまく機能するためには、2つの条件が成立している必要がありま す。1つは組織のミッションが単純であること。もう1つは組織の構成員が同じパラダイムに属していることです。

あうんの呼吸で物事を決めていくためには、全員が似たような思考回路や価値観を持っている必要があります。このような組織に外国人が少なかったり、女性が少なかったりするのは当然の結果なのです。

一般的な日本人男性という集団を基本にすると、女性や外国人、あるいはLGBT（性的少数者）の社員というのは、異なるパラダイムに属している人物という認識になります。したがって、多くを語らなくても分かってくれるという大前提が通用しません。その結果、異なるパラダイムの人と一緒に仕事をすることを敬遠するようになるわけです。

また、こうした組織ではIT化がうまくいかないことがほとんどです。

情報システムというのは、業務プロセスを極限まで可視化し、どこに意思決定の責任があるのかを明確にしないと正しく構築することができません。日本では情報システムを導入して業務の効率化を図ろうとしても、既存の業務プロセスにシステムを合わせることで、非効率的な業務プロセスがそのままシステムに残ってしまうということがよく起こります。これについても、根底には同じメカニズムが働いていると見てよいでしょう。

低付加価値ビジネスがまだ許容されていた昭和の時代であれば、こうした風潮もそれほど大きな問題にはなりませんでした。あうんの呼吸レベルで十分に対応できたからです。

しかし、日本はすでに成熟国家のフェーズに入っており、企業は多種多様なニーズに対応しなければ生き残ることができません。こうした時代においては、POINT チームの構成員に対して、曖昧な共通認識を求める業務の進め方は大きなリスクとなります。

異なる価値観を持ち、異なる行動原理を持っている人であっても、業務の指示は明確に届くようにしなければなりませんし、評価の基準もフェアにしなければなりません。そうなってくると、事前にしっかりとしたルールを構築しておくことが必要であり、責任の所在についてもはっきりせざるを得なくなります。

問題は語学力ではない

英語の問題も全く同じです。日本企業がグローバル化に馴染めないのは、英語ができないからではありません。日本の高校や大学を卒業していれば最低限の英語は履修しているので、少しトレーニングをすれば全くコミュニケーションを取れないということはないはずです。問題は言語が分からないということではなく、日本語においても論理的なコミュニケーションが存在していないことにあります。

日本の職場では、以下のようなやり取りが日常的に行われているはずです。

課員「課長。この案件は進めた方がよいでしょうか？」
課長「うまいことやっておいて」

うまいことやっておいてでは、やるのかやらないのか、優先順位が高いのか低いのか、まるで分かりません。同質社会の場合は、課長が本当は何を欲しているのかを何となく推測し、それに合わせて皆が行動しますから、最終的には辻褄が合うことになります。

しかし、一連のやり取りを英語にするとそうはいきません。グーグル翻訳を活用したところで、適切な訳は見つからないでしょう。日本語でもその意味が通っていないものを英語にできるわけがないのです。こうした違いが重なって、グローバル化に対応できないものと考えられます。決して、語学力の問題ではないのです。

一方、「誰がいつまでに何をどのように遂行するのか」について簡潔に説明できているのであれば、これを英語にして日本語が母国語ではない人に指示を出すことも簡単にできます。さらに言えば、情報システムにこうした業務プロセスを移管することも比較的簡単に実現できるでしょう。そのような組織は人に依存しませんから、人によって業務の質が変わるリスクを軽減することも可能となります。

これから幹部社員をめざす人には、こうした視点が強く求められます。

POINT
業務の指示が論理的、そして簡潔に済むような組織のデザインを心がけ、それを具体的な業務に落とし込む必要があります。こうした視点を持っている管理職は、あらゆる組織で必要とされるはずです。

ちなみに、多様な人材が活躍できる基盤が整えば、セクハラ問題なども気にする必要がなくなります。職場での会話が簡潔な業務上のものに集中していれば、部下とのやり取りにおいて、余計なことをしゃべる必然性は薄れます。その結果、不用意なセクハラといった事態も回避できるわけです。

収益を上げるために組織を最適化することができれば、たいていの問題はクリアすることができるのです。

STEP 3

上に行くための経費の使い方

２０１６年６月、東京都知事の舛添要一氏が辞任したことで、組織幹部における経費の問題があらためてクローブアップされることになりました。

経費をふんだんに使えることは、組織で昇進したことの証とされてきましたが、これからの時代には、こうした考え方は通用しないと思った方がよいでしょう。部長以上への昇進を考えているのなら、若い段階から経費の使い方について注意しておくべきです。

経費の使い方には人柄が表れる

会社における経費精算は、思いのほかいろいろな人に見られているものです。

もちろん会社によってルールは様々で、一切の制限がなく指定された金額の上限まで堂々と経費が使える企業もあります。そうした企業では、管理職は躊躇することなく、私的な飲み食いを会社に回しています。

筆者はサラリーマン時代、大手企業2社に勤務しましたが、両社の経費に対する感覚は大違いでした。最初に入った会社は、基本的に使える経費の額がどの役職者においても制限されており、ふんだんに経費を使うという感覚はありませんでした。

次に入った金融機関は、部長クラス以上ともなると経費は青天井で、それこそいくらでも使えるという雰囲気でした。課長以下の若手も、担当取締役の経費を回してもらえることも少なくありませんでした。

しかし、こうした企業は今や少数派です。

多くの企業において、POINT **経費の使い方はかなり細かいところまでチェックされている**と思った方がよいでしょう。中には、誰がどのような種類の支出に使っているのか細かく分析している企業すらあります。

実はこの手法の効果はてき面で、経費の使い方を見れば、その社員がどんなタイプの人間なのか一発で分かってしまいます。これは会社幹部からすれば、部下に関する非常に有益な情報源となるのです。

経費の使い方には、その人の人間性が如実に反映されます。同じ額であっても、部下との飲み会に多くの経費を使っている人もいれば、明らかにプライベートと思われるものばかり清算してくる人もいます。一方で、全く経費に手をつけない人もいます。

筆者も会社を経営していた頃は、部下の経費精算状況を細かくチェックしていましたが、金額と場所、相手を見ると、だいたいの人となりを理解することができました。経費の清算から推定した人物像と、実際の人物像が大きく乖離したことはほとんどありません。

会社にはできるだけ自分の情報を与えない

上層部がこうしたチェックを行っていない場合でも、経理など担当部署では経費の使い方が必ず噂になっているはずです。特殊な使い方をしている人は、基本的に多くの人にその事実を知られていると思った方がよいでしょう。こっそり処理していると思っているのは自分だけ、というケースがほとんどです。

筆者の知る、あるビジネスパーソンは、こうした社内の噂を気にして若手との飲み会もすべて自腹でカバーしていました。その人は不動産投資をやっていて、比較的お金に余裕がありましたから、惜しみなく腹心の部下の育成に投じていたようです。そのおかげで、出世して部長のポストに就いた時には、かなりの部下が彼の配下にいる状況でした。

このケースはかなり特殊であり、普通はここまでする必要はないでしょう。

しかし、POINT 会社側に対して自分に関する不利な情報を与えないよう徹底的に管理するという姿勢は注目に値します。自分の情報は不用意に与えないというのは情報戦の鉄則です。可能な限り、経費には手をつけないというスタンスの方が安全であることは間違いありません。

経費の問題は私生活とも関係する

経費に対して距離を置くべきだという筆者の主張は、もっと大きな枠組みでのリスク管理にもなります。POINT 経費をたくさん使う行為には人の深層心理が大きく関係しており、時としてトラブルを招く原因になるからです。

舛添氏は高額な出張費用を請求していただけではなく、美術品など明らかに私的と思われるものの購入にも経費を充てていました。しかし、購入した美術品は数万円程度のものが多く、金額的には大した話ではありません。

舛添氏はかつては人気タレントであり、それなりの資産を持っているはずです。また圧倒的な知名度を生かして政治家になった人ですから、他の政治家のように借金を抱えて選挙に出ている状況でもないと考えられます。それにもかかわらず、数万円の美術品の購入にまで経費にこだわるのは、やはり性格としか言いようがありません。

経費に血道を上げるタイプの多くは、お金に対して強い執着心があります。これは、ある種の性癖と同じで、実は本人にもコントロールできていないことが多いのです。理性で考えて不適当であっても、自分のカネを使わないで済む方法があると、それを我慢することができないのです。

筆者の会社にも、こうしたタイプの人がいました。その人物は入社早々、会食の経費をいきなり会社に請求してきたのですが、中身をチェックすると全くのプライベートなものでした。筆者が指摘しても、「仕事に関係ある」という見え透いた言い訳を延々と繰り返すだけでした。

これは一種の病気であり、経費の使い方について指導を続けても、改善することはほぼ不可能だったでしょう。結局、この人物は会社を去りましたが、後で知ったところによると家計もかなりの浪費体質となっており、兄弟からお金を援助してもらっている状況だったようです。

経費の問題は私生活にも結びつく可能性があるということを、十分に理解しておく必要があるでしょう。

STEP 4
不正を迫られた時の対処法

三菱自動車のデータ改ざんや東芝の不正会計など、このところ日本企業での不祥事が相次いでいます。独ＶＷ社でもデータ改ざんという不正が起きましたが、日本企業のケースは諸外国とは状況が少々異なっています。周囲の空気に抗し切れず、やむにやまれずというケースが多いからです。

会社での役職が上がるにつれて、こうした不正に関わってしまうリスクは増えてきます。このような事態はあってはならないことですが、不正に直面した時にどう振る舞うべきなのか考えておくことも、上に行くためには重要です。

なぜ、三菱自動車は二度も不祥事を起こしたのか？

三菱自動車のケースは発覚してからあまり時間が経っていませんから、詳細な原因は特定されていませんが、業績をよくしなければならないというプレッシャーが不正を誘発したとの見方が一般的です。本書でもすでに指摘していますが、東芝の場合も「チャレンジ」という名称のプレッシャーがかけられていたそうです。

実は三菱自動車は、重大な欠陥を隠蔽するという不祥事を過去二度も起こしています。2000年には、リコールにつながるような不具合を20年にもわたって隠蔽し続けていたことが明らかになりました。これは社員の内部告発によって発覚したものです。

政府は立ち入り検査を行い、最終的には三菱自動車と元副社長らが、道路運送車両法違反の罪で略式起訴されています。同社は再発防止策を発表し、一連の不祥事に終止符が打たれたかに見えました。

しかし、2年後の2002年、同社製の大型トレーラーの車輪が突然外れる事故が発生します。140キロもの重さのタイヤがベビーカーを押して歩道を歩いていた母親と子供を直撃し、母親が死亡するという痛ましい事故でした。

捜査の過程において、事故原因は部品の欠陥であることが判明し、同社が欠陥を隠蔽していた事実も明らかとなります。

当時、三菱自動車は独ダイムラー・クライスラーの傘下に入っていましたが、ダイムラーはこの不祥事をきっかけに追加の資金援助を拒否。同社は存続の瀬戸際に立たされました。慌てた三菱グループは、企業再生ファンドや外資系投資銀行などの支援を仰ぎ、６０００億円規模の資金提供を行います。この支援によって同社は何とか再生することができたわけです。

表面上は復活することができましたが、今回の出来事によって企業体質が変わっていないことをあらためて印象づけてしまいました。存続の危機を経てもこのような状況ですから、同社が抱える組織的問題は相当根深いと考えてよいでしょう。

こうした不正に対する圧力を「空気」のような形でかけられた場合、どう対応すればよいのでしょうか。

不正行為に対するリターン

欧米企業の場合、こうした不正行為は上層部の確固たる意思があって行われることがほとんどです。つまり、不正をしている本人は不正行為に手を染めているという明確な意識があるわけです。不正行使の指示を断った部下に対しては、制裁を下している可能性が高いでしょう。

しかし、日本企業の場合には状況が異なります。

業績を上げなければならないという空気に支配され、不正を指示する方も、される方も明確な意識を持たず、何となくその場の雰囲気で結果的に不正に手を染めてしまうケースが非常に多いのです。子供ならまだしも、何となくという理由で不正行為など情けない限りですが、これが現実です。

このようなケースでは後になってから不正が指摘され、本人に自覚がないまま責任を追及されることになります。逆に言うと、うまく行動すれば、そうした空気から逃れることも可能と解釈することもできるでしょう。

POINT

もし組織の空気によって不正に対する圧力をかけられた場合、昇進の可能性を潰してしまうと心配して、「空気」に乗る形で不正行為に手を染めてしまうことは絶対に避けなければなりません。

確かに、不正に手を染めず、よい業績が上げられなかった場合には、出世レースから脱落するリスクを抱えることになるかもしれません。しかし、出世レースは40年近くにわたる長距離走です。不正が無自覚で行われているのだとすると、その時、昇進のタイミングが遅れたり、花形の部署を離れたりしたからといって、致命的な結果になるとは限りません。

三菱のケースも、不正を助長する社風が継続する可能性もありますが、日産の傘下入りで、こうした空気が一掃される可能性もあるわけです。

それに何よりも不正行為に手を染めることは、リスクに対するリターンが見合いません。その不正が表沙汰になれば、不正をした担当者が確実に責任を取らされることになりますし、下手をすれば会社を辞めるどころか刑事被告人にもなりかねません。

出世レースから下ろされるかもしれないという不安と引き換えに、このようなリスクを取るのはあまりにも馬鹿げた行為と言ってよいでしょう。先にも述べたように、

POINT
将来にわたって不利な状況が続くとは限らないので、こんなことで犯罪者になるリスクを取る必要はないのです。

もし上司、あるいはもっと上の上層部から直接不正を指示された場合には、きっぱりと断った方がよいでしょう。後で問題になった時に、こうした言動を取っていたことは確実に自身のキャリアを救うことになります。

POINT

また有形無形のプレッシャーが存在する場合には、決してそれを忖度しないことです。会社の方針に沿った行動をしなければ、やがて異動という形でその役割からは外されることになるかもしれません。異動先が不本意であっても、それは受け入れるしかありません。

時間が解決する可能性に期待し、しばらく様子を見ることに専念した方がよいでしょう。こうした状況に耐えることも、出世力の1つと考えるべきです。

STEP 5

これからの時代のリーダー像

日本における組織構造はなかなか強固なものであり、新卒一括採用、年功序列を基本とした人事の仕組みも、まだまだ存在し続けるでしょう。一方で、柔軟な採用方法は着実に広がっていますし、人物評価の方法も大きく変わりつつあります。

これからの時代に上の役職まで昇進をめざす人は、従来の組織構造を意識しながらも、時代に合った働き方や人の評価方法を徐々に確立していく必要がありそうです。

グーグルの評価基準

今後のビジネスパーソンのあり方という点では、従来の価値観には一切こだわらない米グーグルの評価基準は非常に参考になります。米国の先端企業である同社の事例は、直接日本に応用することはできませんが、有益な示唆を与えてくれるでしょう。

グーグルでは採用段階から独自の基準を設けており、学力は重視するものの絶対的な要件ではなくなっているそうです。２０１４年のニューヨークタイムズの記事によると、同社における大学を卒業していない社員の割合はチームによっては14％に達しているとのこと。グーグルには世界中から優れた頭脳が集まってきますから、もはや学歴など大した問題ではないのかもしれませんが、こうしたＩＴ企業においてはやはり驚異的な数字です。

同社における人物の評価基準は、思いのほか抽象的です。最も必要とされるのは、高い認識力だそうです。これはＩＱの数字が高いといったレベルの認識力の高さを意味しているのではなく、異なる情報の断片からうまく本質を導き出す能力のことを指しているそうです。

限られた情報の断片から背後にある本質を導き出すためには、帰納法のスキルが必要となります。帰納法とは、複数の事柄を観察して共通項を見つけ出し、それを一般的な法則に落とし込む考え方です。

帰納法は多くの人にとって馴染みやすい考え方です。市場の分析などにおいてもよく用いられますから、意識しなくても日常的に帰納法的な考え方をしているケースは少なくありません。

帰納法による説得は小さい子供でも本能的に実践しています。子供が親にオモチャをねだる時に、「A君も持っているし、B君も持っている」と親を説得します。これはまさに、帰納法によって話を一般化しようとしているわけです。

しかし、この問題解決の方法には弱点もあります。

例えば、男性を10人集めてきて、帰納法的に「すべての男性は自然食を好む傾向がある」という結論を出したとしても、それは男性全員が自然食を好むことの証明にはなりません。それどころか、現実には全く逆の結論を導き出してしまう可能性もあるわけです。帰納法には、サンプルの選定という不確実性がどうしても残ってしまいます。

シンプルなケースの場合、限られた情報であっても大きく間違うことはありませんが、状況が複雑な場合には注意が必要です。ビジネスにおける問題解決の現場は混乱していることがほとんどです。このような時には、演繹法を使って論理を展開させ、そこから帰納法に戻って情報を分析するといった柔軟性の高い思考が求められます。

演繹法は「AならばB」「BならばC」という形に論理をつなぎ合わせ、最終的な結論に至る方法です。例えば「人間は皆死ぬ」という論理があり、「私は人間である」という論理があるとすると、その先には「私は必ず死ぬ」という結論が得られることになります。

こうした思考法をうまく活用し、行ったり来たりしながら物事の本質を理解し、それに合わせて具体的な行動プランを策定していくわけです。

このような認識能力があれば、組織全体が抱える問題を理解し、方法論としてそれを解決する手段を提示することができるはずです。

組織のリーダーがこれから求められるもの

さらに、グーグルは新しい概念としてのリーダーシップを提唱しています。当然ながら、ここで定義しているリーダーシップとは、従来の組織における強い指導者とはかなりニュアンスが異なっています。

グーグルでは、「ボス」という概念と「リーダー」という概念を明確に区別しています。

ボスは人に命令して業務を進める人のことを指しています。しかし、リーダーは必ずしもボスであるとは限らないと同社では説明しています。リーダーになれる人物とは、チームが何か困った事態に直面した時に適切なタイミングで口火を切り、その問題解決をリードできるかという点に集約されるそうです。つまり、役職とは直接関係しないということになります。

また同社が挙げている、POINT これからの人材に必要な能力に「知的謙遜」があります。知的謙遜とは、他人が自分よりよいアイデアを出した時には、それを認識し、一歩下がることができる能力です。人のアイデアを適切に評価することは、実はとても難しいことです。知識をしっかり整理できていないと感情をうまくコントロールすることはできません。先ほどの新しい概念としてのリーダーシップと知的謙遜がうまく組み合わさった時、チームは自律的にうまく機能するという仕組みです。

これからの組織におけるリーダーは、こうした能力をバランスよく発揮できる人物ということになるでしょう。

POINT リーダーに求められるのは強烈な個性や強い指導力ではなく、チームのメンバーが持っている専門能力をうまく引き出し、全体的な問題解決の方向性を提示できる能力です。これはさらに上の役職になり、相手にするのが人ではなく組織であっても同じです。

POINT

組織が持っている潜在能力を理解し、全体的・俯瞰的に状況を把握し、その潜在力をうまく全社的に利益に結びつけるコーディネート能力こそが、高い役職者に求められています。

日本企業の現場はまだまだそうなってはいませんが、こうした方向性については今から意識しておくことが重要でしょう。

【第７章 まとめ】

CHECK
❶ ── 男性でなければ仕事が回らない状態は避ける。女性の登用や多様化への対応は、あくまでも利益最大化のための手段であるというドライな感覚が必要。

CHECK
❷ ── チームの構成員に対して、曖昧な共通認識を求める業務の進め方は大きなリスクとなる。

CHECK
❸ ── 業務の指示が論理的、簡潔に済む組織のデザインを心がけ、具体的な業務に落とし込む。

CHECK
❹ ── 経費の使い方はかなり細かいところまでチェックされているもの。会社側に対して自分に関する不利な情報を与えないよう徹底的に管理する。

CHECK
❺ ── 組織に有形無形のプレッシャーが存在する場合には、決してそれを忖度しない。

CHECK
❻ ── これからのリーダーに必要なのは、強烈な個性や強い指導力ではなく「知的謙遜」。チームのメンバーが持っている専門能力をうまく引き出し、全体的な問題解決の方向性を提示できることが求められる。

おわりに

最近のビジネスパーソンは、以前と比べて出世に対する意欲が薄いと言われています。しかし、こうした話は半分都市伝説と思った方がよいでしょう。

日本生産性本部が毎年行っている新社会人の意識調査によると、2016年の新社会人の中で「人並みに働けば十分」と回答した人の割合は58・3％となり、過去最高を記録したそうです。

この結果だけを聞くと、「最近の若者はゆとり世代である」といったステレオタイプな結論になりがちです。確かに「楽しい生活をしたい」と回答する割合も過去最高を記録するなど、それを裏づけるデータもあるのですが、一概にそうとは言い切れません。

調査結果を過去に遡ると、意外なデータも見受けられるからです。

この調査は48年前から行われているのですが、「人並みで十分」と考える割合が今回と同じくらい高かったのは、バブル経済がピークから崩壊へとシフトしていた1992年でした。つまり現在、管理職として若者に接している40代後半から50代前半の人たち、いわゆるバブル世代の上司も、今の若手と全く同じことを考えていたのです。

また「仕事よりデート」と回答した新社会人は、２０１６年は約22％となっていますが、バブル世代が新社会人だった当時は何と40％近い数字になっています。バブル世代社員は仕事などほったらかしでデートしていた様子がうかがえます。

今から25年前、バブル世代の新入社員は「新人類」と呼ばれていました。何を考えているのか分からず、私生活ばかり優先するので、ビジネスパーソンとして扱いづらいという意味です。当時の新聞やビジネス誌を読むと、こうしたやる気のない若手とどう対峙したらよいのかといった記事のオンパレードです。

では、こうしたやる気のなかった若手は今どうなっているのでしょうか。中間管理職として仕事中心の生活を送り、若手に対しては「最近の新人は何を考えているか分からない」「彼らは草食系で不甲斐ない」と愚痴をこぼしているわけです。

結局のところ、いつの時代においても若手と中高年世代にはギャップがあり、そのギャップは時間が経過してみると大した違いではありません。

組織というものに一生の大半を預けるのであれば、より「上」をめざした方が合理的です。そして、効率よく「上」をめざすためには、早い段階から周到に準備をしておくのがベストです。本書がそのよきガイダンスとなることを祈っています。

本書は実務教育出版の佐藤金平氏の尽力で完成しました。ここに感謝の意を表したいと思います。

2017年1月

加谷珪一

加谷珪一（かや・けいいち）

経済評論家・経営コンサルタント。仙台市生まれ。東北大学工学部原子核工学科卒業後、日経BP社に記者として入社。野村證券グループの投資ファンド運用会社に転じ、企業評価や投資業務に従事。その後、コンサルティング会社を設立し代表に就任。大手ゲーム機メーカー、政府系金融機関などに対する各種のコンサルティング業務に従事。現在は、ビジネス、経済、マネー多方面の分野で執筆を行っており、多くの媒体で連載を持つ。出世の法則をまとめたWebサイト「出世の教科書」の運営も行っている。主な著書に『新富裕層の研究―日本経済を変える新たな仕組み』（祥伝社）、『上司は「顧客」だと思いなさい』（河出書房新社）、『「教養」として身につけておきたい 戦争と経済の本質』（総合法令出版）、『お金持ちの教科書』（CCCメディアハウス）、『稼ぐ力を手にするたったひとつの方法』（清流出版）、『億万長者の情報整理術』（朝日新聞出版）がある。

加谷珪一オフィシャルサイト　http://k-kaya.com

組織で上に行く人は
「どこ」で差をつけているのか？

2017年3月1日 初版第1刷発行

著　者　加谷珪一
発行者　小山隆之
発行所　株式会社 実務教育出版
〒163-8671　東京都新宿区新宿1-1-12
電話　03-3355-1812［編集］　03-3355-1951［販売］
振替　00160-0-78270
印　刷　壮光舎印刷
製　本　東京美術紙工

ISBN978-4-7889-1289-2　C0030